U0137317

[新西兰] 珍妮特·弗雷姆——著　　吴文权——译

后浪

我桌旁的天使：
珍妮特·弗雷姆自传三部曲

3
镜之城
的信使

The Envoy from
Mirror City

Janet Frame

贵州出版集团
贵州人民出版社

目 录

第一卷

三重见证

第二卷

城市如家

第三部

镜之城的信使

第三部

献给书中提到的朋友和家人，

特别是罗伯特·休·考利教授与他的同事们

第一卷

三重见证

一　离开土地，航行

鲁阿希尼号已远离新西兰海岸，摇晃颠簸在七月的冬之海上。

六人间的内部舱不像旅游手册宣传的那样宽敞，几乎没有活动余地，只有睡内侧上铺的女人，脸部才有享受微风的特权。那风温暖而浑浊，是斜安在天花板上的乳白色"吹风机"亦即换气扇搅动出来的。与天空、大地和光相隔绝，时间却极为富有，我躺在靠近舱门的下铺上，听着同舱旅客激动的声音。其中两个是年轻的办公室女职员，来自汉密尔顿，这趟是头一次出国旅行。那个一头黑发的澳大利亚小女人已"数次"环游世界，热切地拿出旅行照片给大家看。另一个是到新西兰交换一年如今返回英国中部的中学老师。最后一位是个中年女人，沉默寡言，其父是著名的挪威作家，她本人也是作家，此番要返回挪威的家乡。舱内温热，令人作呕，舱房震颤着，连四壁都似乎在翻腾摇摆。一具具身体好似叠放在货架上，房内悬挂着刚洗好或干透的内衣与长筒袜，每根栏杆上都搭着的袜子，像软塌塌抽掉骨头的腿，制造出一片片暗影，散发着难闻的气息，令人心生幽闭之恐惧。大家叽叽喳喳地交谈着，期待与紧张导致的极度兴奋在空气中激荡。这一切令我头脑眩晕。随着鲁阿希尼号摇摆颠簸，我胃里也似翻江倒海。弗兰克·萨吉森的朋友杰丝·惠特沃斯虽是经验丰富的旅行者，但她推荐的克威尔斯晕船药丝毫无法减轻这种不适。那扎着薰衣草丝带的心形雕花玻璃瓶里的嗅盐，虽散发着薰衣草香气，但同样毫无用处。我吃不下饭，只能嚼杰丝给的薄脆饼干。当时她就打包票说，我会把那饼干当成"最好的朋友"。

　　晕船三天加流感复发，我给送进了船上的医务室。但凡晕船晕车的人都知道，这种状态下，浑身的力气都好似抽干了。我无助地躺了将近两周，直到船开始减速，准备通过巴拿马运河，我才有力气坐在椅子上，看电影般观赏巴拿马丛林与晒太阳的鳄鱼。水边缠满开花藤蔓的树不堪重负，弯曲下来触到水面，树间色彩斑斓的鹦鹉迅捷地飞翔着。耳畔传来美国导航员的声音，宣布着眼前每样事物的美元价格。轮船抵达库拉索岛 [1]，在威廉斯塔德休息一天。引擎熄火，所有晃动颠簸都戛然而止，我的眩晕也随之消失。停泊着的轮船仅轻微摇摆，这样我便能享用自助午餐了。饭后我上岸逛了逛威廉斯塔德，这是我首次踏上异国土地。那一刻我算彻底明白了，为何经过漫长的海上旅行后，旅人会停下脚步，跪下来亲吻大地！不过，踏上威廉斯塔德时，脚底是水泥地面，闻到的不是青草气息，而是炼油厂的气味。不过，阳光是崭新的，照耀在暗红、棕褐、乳白色的建筑上，给人

· · · · · · · · ·

1　加勒比海岛屿，在委内瑞拉北部海岸外七十公里处，威廉斯塔德为其首府。

恍如隔世的感觉；树叶呈现出颜料盒上的那种绿色，闪闪发亮，仿佛有毒一般。我漫无目的地穿行于威廉斯塔德的街道，继而坐到博物馆前的广场上，瞧着陌生的蜥蜴趴在陌生的石头上晒太阳，看到从未见过、也从未听过其鸣唱的鸟儿群集于树上。接下来，沿着河一路漫步，看见许多空酒瓶和铁皮罐，突然意识到新西兰与"其他国家"的不同：我们的河流难道不是洁净湍急的吗？真不似这般肮脏迟缓。再瞧瞧河边的人，看上去穷困病弱，哪里像强健有力的新西兰人！在一片荒地上，一家小规模的巡游动物园已安营扎寨，为周日休闲的人们提供娱乐，比如关在逼仄笼子里的狗熊与狮子，前者身长秃斑可怜兮兮，后者毛色棕黄臭气熏人，这也印证了我在新西兰形成的看法："海外"之人对动物缺乏怜悯，而且海外之地甚为贫困，不如新西兰文明开化。虽然到达了首个异邦，我却依然穿着偏见的老旧外衣。此外，我还头次见到一种人，其皮肤不是任何深浅度的棕或黄，而是呈暗黑色。在学校，老师教育我们说，毛利人和新西兰白种人机会均等，我对此深信不疑。我还听说，中国人长于园艺和水果种植，希腊人尤善捕鱼，毛利人是最棒的重型汽车司机。

一位师院老师曾对着我们一班白人学生说："毛利人很有机械头脑。"如今，面对非裔美洲人与印第安人，我摒弃了脑中固有的想法，不再将其与奴隶挂起钩来。我由衷地同他们打招呼，以显示毫无偏见，他们马上做出反应，试图与我交谈，这令我大感紧张，因为不知道说什么好。瞧啊，为"开阔视野"而出洋的我，这么快便体会到初次旅行者必然经历的改变，而这改变不是到达地促成的，而是反思出发地的结果。多年来观看的牛仔西部片刻画了白马金发的"好人"，黑马黑皮肤戴帽子的"坏人"，侵害诚实勤劳的美国农场主的墨西哥匪徒与偷牛贼，一心只想着毁灭与屠杀的美洲印第安人，以及寻求"和平与令各方满意交易"的牛仔和骑兵。这些童年的电影，包括侦探片在内的所有好人-坏人戏，虽然看似合乎常理，但却将某些情感储藏起来，它们未受打扰，甚至不为自知、未被想到，但却随时会冒出来，推翻常理的监护，在新的国度指导仍旧自以为是的旅人。

沿威廉斯塔德浮桥返回鲁阿希尼号前，我完成了一项仪式，它源于我在新西兰的所闻、所读和所思；在那个国度，人们似乎一直在唱诵：

> 畅饮朗姆和可口可乐，
> 等待洋基佬送来美钞。

引导轮船通过巴拿马运河的美国导航员每句话都离不开"美元"二字；在威廉斯塔德，可口可乐广告随处可见。我以平生第一瓶可口可乐，为首次异国体验完美作结；喝它就如同在教堂轻啜红酒，心中充满崇敬。应该提醒读者的是，五十年代末，可口可乐带着魔力般的光环，令人对未来满怀憧憬，对许多身处美利坚之外的人而言，它象征着最根本的美国价值：慷慨、友善、财富、新世界；这个国家沐浴在晨光中，尚未在强烈的日光下褪去色彩。

旅行的最后一周，船一启航，我便无法去餐厅用餐了，于是便将被褥搬到甲板上，睡在天幕之下凉爽的空气中，直到黎明时分工人提来水桶，开始擦洗甲板，我才返回舱房。我卧病医务室期间，船上发生了许多事情，各色旅客的混杂迅速产生了化学反应，其产物，也就是那些滑稽的、喜欢命令人的、遭人八卦的、帅气漂亮的人，都被挑出来加以甄别和研究。勤勉敬业的太平洋与此刻的大西洋忙于将漂流其上的物体送去遥远的海岸，因而没能将这类每次海旅中冒头的特殊旅客抛到鲁阿希尼号的甲板上。我们舱房谈论最多也最令人羡慕的，是那位光彩照人的金发美女，她获得了奖学金，如今赴牛津深造。此外，令人妒忌的是，她有多人陪伴同行，在船长那桌用餐，和船医跳舞，而"其他人"，无论是在陆地还是在海上，都只能与较之逊色的人为伴。还有那位年轻的钢琴家，在休息室里甚为自信地练琴，身边围满了仰慕者。哦，多想能有一项精熟的技艺，能引来众人崇拜的目光！哦，多想人人都知道，我正拿着文学资助过海漂洋！为何每个人都显得自信满满？那两个在巴拿马和威廉斯塔德大肆购物的办公室女孩儿（除了我和那位挪威作家外，大家都买了丝绸和服、睡衣、围巾和闪亮的钱包），为什么其行为举止好像在说，她们是这世界的主人，等到踏上大不列颠的土地，便会举行特殊的仪式，向她们颁发所有权证书。也许，那位拿着旅行照片讲旅行故事的澳大利亚女人并非如表面那般自信，她讲得越多，我就越将她比作个一旦启动便无法停止的小说人物，因为她一直在南来北往、东游西荡，给人问到"最终"打算在哪儿生活时，眼中偶尔闪过一丝恐慌，毕竟，她显然无法就这么旅行下去，或者，也许她能呢？有时似乎她觉得别无选择，想要回头却为时已晚，而且如今又该"回"哪里去呢？脑中闪过一个想法，倘若我同她一样无家可归注定漂流，那该怎么办？

我看着听着，为了安慰自己，试图寻找一种优越感，便对自己说："他们哪里知道，什么事情我都记在脑中，我能看透他们，看到面具背后的面孔，直看进他们的心底，因为如果我要成为作家且保持写作欲望，就必须紧盯着他们言行中的任何迹象，保持沉默，一动不动，细读他们的面孔，细读用他们自己的等压线和等温线勾勒出的面孔与眼睛，这些面孔和眼睛俯瞰着肥沃的土地、隐匿水鸟的沼泽、嶙峋的以及为雪所柔化的远山。我必须永远观察、倾听。"

我无法记住这趟旅程的全部细节，只记得噩梦与满怀羡慕的渴望；记得停靠威廉斯塔德的那天，三五成群的旅客，以及他们的兴奋与期盼；记得医生一脸严肃地奉劝我绝不能再乘海船；记得红脸船长帽子和制服上镶着金边，就像茶壶上的道道金线。这些细节留存在记忆中，宛如小船被轻掷于因晕船而波浪翻涌的脑海里。凡有此经历的人都知道，那最执着的梦就是轮船停止运动，让晕船的旅人在某座岛屿登岸，任何岛屿，任何一块恰巧出现的陆地，仿佛陆地会主动寻找孤独的弃船者。过去，我曾经锻炼过忍耐力。然而，旅程的艰辛却令我始料未及，无法组织起任何抵抗。作为人，我的能力遭到可怕的削弱，每动一下胃里就翻江倒海，每一秒钟、每一分钟、每一小时、每一天，时间大山般压得我喘不过气来。熬过横穿太平洋的航程是有回报的，那便是清楚地看到这座大山在渐渐崩塌，最终的几块岩石和泥土也被隐现于前方的目的地所埋葬。

我三十二岁生日的第二天，在海上漂泊三十二天后，鲁阿希尼号停靠南安普顿港，旅客们登上等候着的列车，向伦敦滑铁卢车站出发。

二　一位绅士

滑铁卢车站。我站在那儿，身边放着两只行李箱，绿色背包里是我的打字机。我推着行李朝街道和一溜出租车走去，一手紧攥着旅乐手包，同时，几乎出于惯性，反复对自己说"这就是伦敦"，眼见其他旅客被亲友们包围淹没。下着雨，天灰蒙蒙的，黑色的士仿佛灵车。想到很快就能安全入住公谊会旅社，终于能有张支在地面上的床，我心中便感到甜蜜与满足。我学电影里的模样叫了辆的士，壮起胆子说："你好，去尤斯顿路的公谊会旅社。"

出租车摇晃颠簸在雨水飞溅的街道上，我感到一阵阵恶心。到了尤斯顿路公谊会旅社，我站在门前的人行道上，身旁放着行李，接下来，有至少一个星期这栋楼会是我的家。终于到达目的地，我开心极了。我把行李拉得靠自己近些，然后拾级而上，到门前按响了门铃。里面响起脚步声，门开了。

"我是珍妮特·弗雷姆，新西兰来的。"我对面前的灰发女人快速说道："我给您写过信，订了一周的房间。"

那女人皱皱眉问道："您的名字，能再说一遍吗？"

"珍妮特·弗雷姆，新西兰来的。"我特意加重了"新西兰"几个字。

"您请稍候。"

她到服务台仔细翻阅了一本册子，回来时眉头皱得更紧。

"肯定是弄错了。我们没收到珍妮特·弗雷姆从新西兰寄来的信。我们这儿已经客满，你知道，现在是八月底。"

"哦，是的，我当然知道，"我说，"所有讲公共假日的书里都有写。'八月是献给英国人和他们钟爱的岛屿的。'[1]"

那女人重复道："抱歉，已经没有空房间了，您的信我们没收到。"

我感到难以置信，一面努力克制恐慌，一面打出了心目中的王牌。

"我在新西兰有个朋友，每次都住您这儿的。她叫杰丝·惠特沃斯。"（她肯定记得杰丝·惠特沃斯！）

"不好意思，弗雷姆小姐，我不记得她。我们真的客满了。或许下一周……"

我急得眼泪都出来了。

"可下周哪里等得及啊。我是大老远从新西兰过来

. . . .

1 这是英国大诗人奥登的诗句。

的，刚刚下船啊。"

那女人很有耐心地微笑着。

"我们的客人来自五湖四海，而且天天都有。"

"可我真的给您写过信，而且我也刚下船，以前从没来过伦敦。"我惨兮兮地说，"我从没来过伦敦，不知道在哪儿落脚才好。"

如今我依然能看见，当时从新西兰带来的尽是些过时物件：两只旧皮箱，绿色帆布背包，那是弗兰克·萨吉森坚持让我带的，三十年前他就是背着这样的包徒步游历欧洲的，还有戈登家送的旅乐皮手包，那可值十个英镑呢。心里发虚地站在旅社门口时，我想起同弗兰克一起饶有兴趣地翻看发黄的《新政治家》杂志，读封底上刊载的广告，例如吉屋出租：圣约翰伍德、瑞士小屋、汉普斯特德荒野、伯爵宫，这些地名当时虽然陌生，却散发着浪漫的诱惑。可这会儿，它们却似光溜溜的崖壁，毫无抓手或落脚点，冷漠地将我抛入黑暗的未知。

"您在伦敦可有朋友？"那女人问道。

"没有。"我的声音在发抖。

"离这儿不远有家基督教女青年会旅社，我打电话问一下，看有没有空房间。"

几分钟后，她带回了好消息，说有间"共享房间"还有空。

那女人提出要帮我叫出租车。

"那就有劳了，谢谢您！"

我拉着行李，站在伦敦肮脏的台阶上，一瞬间脑海中闪过"到达"这一永恒的剧情，以及它在神话与小说中的位置。我再次感到极度兴奋，因为此剧情在我这儿竟是现实，我的遭遇竟是虚构的原型。漫漫旅程，抵达终点，抵达后出乎预料的问题。就连对伦敦的首次体验也让我想到"信函"在小说中的作用：那封丢失的信，那封给人发现的信，那封预示着人命丧失、命运改变的信，比如麦克白写的那封，"她们在我胜利的那天遇到我；我根据最可靠的说法，知道她们是具有超越凡俗的知识的……"[1]再就是信使的作用，那成功或失败的送信者的作用。一时间，丢了那封信似乎不再重要，因为这是赠予虚构的礼物，似乎每个事件都反映着什么，唯有想象力以及服务于它的各种语言才能触及，仿佛像柏拉图山洞中的影子，我们的生活和世界包含着许多镜像城市，它们只对想象力，亦即我们的"信使"展露真容。

尽管充满热情，对虚构的可能性有了新认识，但到伦敦的第一天着实令我沮丧且不适。这才八月底，伦敦便已拉下百叶窗，以抵御将至的阴暗冬日。我在基督教女青年会找到可住两晚的房间，那地方让我想起精神病院，不过没有喧嚣，没有叮当的钥匙声不绝于耳，也没人试图控制住客。然而，贴在卧室、浴室和厕所门内的社规也算是控制了；每种房间都是整齐的一排，样式与气味都散发着体制气息。浴室恍如洞穴，地板上铺着冰凉的黑白瓷砖。

"离开浴室时请确保您处于他人乐见的状态。"这是

---

1 出自莎士比亚《麦克白》第一幕第五场，读信的是麦克白夫人。译文引自《莎士比亚全集》第五卷，北京：人民文学出版社，1994年，第206页。

旅社对金箴（Golden Rule）的贴切诠释，体现出明晰的道德感，以利他主义为前提，实践了基督教的原则。楼下办公室有个大笼子，行李可以存放在那儿。一个冷脸女人盯着进进出出的住客，分发邮件时仿佛在颁发圣牌[1]，不过，意识到信件的力量，我觉得它们大约就是圣牌。

虽然觉得基督教女青年会中权威的影子无处不在，令人心生怯意，但我发现住客们都挺快乐也挺友好。谈到谁来了、谁走了、去哪儿旅行了的时候，有种热闹的气氛。自助餐厅的食物既便宜又丰富，很快我便融入了一群兴奋的"伦敦新人"中。我同屋是个新加坡女人，同我一样天真无知，她一直梦想着看皮卡迪利马戏团[2]的表演，于是兴冲冲乘地铁赶去，才发现它并非我们想的是个马戏团，此外，还差不多一整天给困在地铁里。

我惊叹于自己获得的自由，尤其是伦敦许多建筑的维多利亚韵味和外观，将我最近几年积聚的恐惧像喷泉般释放出来。我淋得透湿，但这是暂时的：对平行之物，也即镜之梦的思考再次支撑我、保护我，以抵挡来自过去的梦魇。

当天晚上，我便按杰丝·惠特沃斯给的地址，给克拉珀姆公地她曾住过的那家"花园房"打电话。虽然浪漫名字背后的现实已令我心生幻灭，却依然希望，"花园

. . . .

1　天主教、东正教以及部分新教的圣物，亦称圣像牌。
2　Piccadilly Circus 直译为皮卡迪利马戏团，但实际上，它是一座熙熙攘攘的贸易广场，跟马戏团无关。

房"会符合我的梦想，在那里能住得开心。接电话的人叫帕特里克·赖利，是主楼的一名租客，他说房东在苏格兰，这儿由他负责，有间"花园房"空着，每周十七先令六便士，随时可以入住。听了这番话，我将初到伦敦的糟心事儿都抛到了脑后，开始憧憬天堂的滋味。

帕特里克·赖利提议我明天就搬过去，他刚好不上班，可以跟我见面，帮我安顿下来。真是个好心人，我想。

他说，听你是澳洲那边的口音，就知道你是真想找房子。

因为我承诺要住两晚，所以搬离基督教女青年会时，不出意料给训了一顿。

"这个月份房子不好找。房费通常是不退的。"管事儿的说。

是我自己做得不好，欠考虑，给特意指出来我也能接受。我表示道歉。我理解，这些机构要办得好，就得严格按道德规范来，就得有明确的判定，比如使用机构的人欠多少、该付多少，都得一清二楚。

翌日下午，乘出租车赶到克拉珀姆公地北侧雪松街时，帕特里克·赖利正等在那儿，准备陪我去看那间花园房。

赖利先生提着我的行李，穿过侧门去花园房三号。靠着高大的砖墙，一溜儿有四间屋，面对着主楼的后花园，看起来像棚屋，不像是房间，直接建在光秃秃的地面上，连防潮层都没铺。

帕特里克·赖利说："冬天最好别住这儿。去年冬天，一个住那儿的女的就得了肺炎死掉了。"他指了指最尽头那间。

"现在住的是个俄国芭蕾舞演员。去年还住过个欧洲来的贵族。"

帕特里克·赖利很健谈，爱尔兰口音听着很舒服。他个子不高，身体强壮，头发已经泛灰，宽阔的脸平静而苍白，棕色的眼睛似两汪清泉。偶尔，他会噘起紧闭的嘴唇，在我看来，那动作仿佛是在设立界限，一定程度上限制住内心的广阔天地。他步履敏捷而坚定，走过去将钥匙插进三号的锁孔，用劲扭了扭推了推，门便开了。小小的屋子散发出潮气，里面有张窄床，床上有些卧具，有个带帘子的衣橱，一把椅子，一进门的地方，铺了灯芯草席的地面上有个孤零零的电热器，直接连着电表，要用的话得投硬币。门侧的墙上有个小方窗，天花板上吊着一盏灯。做饭用的电炉旁有个盒子，里面堆放着各式盘子、罐子和平底锅。

"得有个放打字机的地方。"我说。

"我从地下室拿张桌子过来吧。那底下净是些破烂和旧家具。过会儿带你去主楼，看一下浴室和热水器。要不要喝杯茶？"

这样，我又去看了浴室和热水器。浴室很小，热水器呢，帕特里克·赖利讲了如何用它烧洗澡水，我反正是尽量弄懂吧。他提醒我用时要当心，否则有爆炸的危险，一两年前就有人丧了命，整栋楼也给炸得面目全非。

他又改口道："反正是有人受了伤吧，那时我还没来呢。"

帕特里克·赖利渐渐获得了"欢迎者"的神话属性，同时他也是"告诫者"，即便是首次见面，也将克拉珀姆公地北侧雪松街周边潜在的危险一一讲明。我想，接下来的日子里，他会将伦敦和世界的危险全盘托出。

他领我走进主楼浴室旁他的房间。我静静地坐着，看他到楼梯平台水龙头那儿注满烧水壶，然后点燃煤气灶煮水泡茶。我知道，从未见过的这种仪式属于一种陌生的生活：在一栋房间众多的大楼里，人们住着单人间，每人都有自己的天地，只与他人共用浴室、卫生间和楼梯平台洗手盆上方的水龙头，也就是帕特里克接水的地方。我已经注意到，有两个男人提着水桶接水，不是用于洗漱，就是烧来喝。

帕特里克跟我说："房东太太不喜欢女客，嫌她们留头发在浴室里，还经常洗衣服。"他拿出两套杯碟，放在铺着一大张油布的桌子的一头，然后从水盆里拎出满满一瓶牛奶，抓着瓶子两头轻轻前后摇晃，然后将它平放在杯碟旁。

"蓝盖的泽西岛[1]牛奶。我只买最好的，"他说，"刚才那么做是让奶油均匀散开。"

他冲好茶。

"为了泡出味道，不多不少要等五分钟。"

他说"泡出味道"时，有股自我欣赏的劲儿，就像个外科大夫，做出诊断后，准备实施一台完美的手术。

. . . .

1　泽西岛（Jersey Island）：英国皇家属地，位于诺曼底半岛外海二十公里处的海面上，是英吉利海峡靠近法国海岸线的海峡群岛里面积与人口数都最大的一座。

他扯开一筒饼干，拿到面前给我看，接着拨弄出三四块到盘子里。

"这是消化饼，巧克力消化饼，是黑巧那种。"

这会儿茶已泡好。我咬了口巧克力消化饼，端起茶来喝。

"这是泰特利[1]红茶。"帕特里克·赖利说，"饼干是皮克·福林[2]的。"

皮克·福林。

说这话时他颇为得意，仿佛在通向完美的道路上又得了一分。

我喃喃念道："皮克·福林。"这名字令我着迷。我惊奇地听着帕特里克·赖利的口音，听着偶尔蹦出来的爱尔兰俗语，这些我只在对爱尔兰人的刻板模仿和爱尔兰剧作家的作品中听到过，亲耳得闻还是头一遭。

"我等下子去买东西。"他说。显然他对我的新西兰口音也颇感好奇。他说我们俩还真有缘，还都不是英国人。他话里带着对英国人的不屑。他说你也是殖民地来的，应该知道英国人对爱尔兰做了什么。

"他们吃我们的猪，吃我们的黄油，骑我们的马去比赛，而我们却得来这儿打工。"

他说，爱尔兰可是上帝自己的国度啊，竟然到处都是贫穷。我吃了一惊，心想："不是说新西兰是上帝自己的国度吗？"我从来没想过，其他国家，也许是所有国家

. . . .

1 泰特利（Tetley）：英国三大大众茶叶品牌之一。
2 皮克·福林（Peek Frean）：著名的英国饼干生产企业，坐落于伦敦南区。

都这么说。在新西兰，尤其在头脑清醒的人当中，流传着讥讽这一说法的笑话，我自己虽然也会嘲弄它，但自儿时起，每次热情地朗诵威廉·彭伯·里夫斯的诗句时，我都对此深信不疑：

> 上帝用浪涌将她环抱，
>
> 来自无主深海的风暴，
>
> 汹涌澎湃地激起卷动，
>
> 迅捷的巨浪跳跃闪耀……
>
> 从不让灼热的迷雾遮蔽她，
>
> 不让沙漠的干旱带来灾祸……[1]

我心道，哦，原来爱尔兰才是上帝自己的国度啊，这可算在海外发现的新鲜事，可得好好记住。

我们喝完了茶。

"有需要帮把手的就吱一声，"帕特里克·赖利说，"你可以叫我帕特里克。"

"帕特里克。我叫珍妮特。"

听我说是拿了"文学资助"到英国来的，他颇为惊讶。

"不过我要去巴利阿里群岛……等把一切都规划好我就走。"

"你一个人去吗?"

"嗯，是的。"

. . . .

[1] 出自里夫斯的诗作《新西兰》。

他皱了皱眉。

"你会有危险的，"他告诫道，"外国地方都很危险的，哪儿有伦敦这么安全。"

他说自己是天主教委员会成员，要做的就是拯救卖淫的爱尔兰姑娘。他是公共汽车司机，那种女孩儿可没少见。

他愤恨地说："她们的处境很危险，我就指点她们躲到爱尔兰旅社去。"

他顿了顿。

"珍妮特，在伦敦这段时间我会照顾你的。但你绝不能一个人去欧洲。顺便问一句，你是不是完全无牵无挂（fancy-free[1]）？"

我心想，"这词儿也太老掉牙了吧"，应该是我妈做姑娘那会儿的说法，不该从帕特里克·赖利嘴里讲出来，他不是说自己四十四岁吗？

"哦，是啊，我一个人无牵无挂的。"

"那还好。不过出国这事儿嘛，你得再想想。"

"我一定得去。"我说。

"写作又不是什么好职业。"帕特里克说。

"我以前是学师范的，准备做老师。"

"老师！这才是你应该做的呀。"

他兴奋地说自己妹妹就在爱尔兰做老师，还有个表兄在北边一个城市当主教。而且，他从前的恋人也是个老师。

· · · · · · · ·

1　这个说法最早源于莎士比亚浪漫喜剧《仲夏夜之梦》。

"M 把她从我身边偷走了。"帕特里克说。M 是位爱尔兰记者，五十年代末常出现在新闻里。

一个人相信身边的人能给"偷走"，也就意味着，他认为那人归他所有，我觉得这种想法很有趣。在新西兰时，葆拉·林肯也曾指责邻居"偷走"了她的朋友。然而，此种所有权事实包含在关于"诱骗"的法律描述中，对财产的诱骗是轻罪，而上述情况中，财产是他人所"拥有"的人。关于这次抢劫帕特里克没细说，反正未婚妻被人家撬跑了。

就在我要离开这间卧室兼起居室的时候，帕特里克再次提醒我：

"你得小心伦敦的黑人。他们无处不在，逮谁偷谁。克拉珀姆公地可多了去了。"

他嘴唇向后扯去，露出牙齿和牙龈，显然是个下意识动作。见此我大为反感。我很想爱这个世界和世界上的人们（"大地及其丰饶都属耶和华；世界及居住其中者都属耶和华"[1]）。

站在那些"黑人"的立场上，我感觉遭到了侮辱，于是小心翼翼地说："你说的是西印度群岛人和非洲人吗?"

"是啊，那些个黑人。"

"我觉得，不该用肤色来指代人。"

"他们的地位比我们低，就是些黑人。"他近乎恶毒地说。

· · · · · · · · ·

1　出自《赞美诗》第 24 篇。

跟他相处这是头一次感到不快，但我没往心里去。我觉得他就是无知吧。他不了解也不懂，而且心存恐惧。只要存在恐惧，什么都改变不了他的想法。

我下楼时他高声说："明天见。"

我应声答道："明天见，好的。"同时意识到，几周来在我生活的世界里没人跟我说"明天见"。

我很感激帕特里克·赖利。他乐于助人，为人可靠，知足常乐，同时孑然一身，固执己见，笃信宗教，此外，那爱尔兰口音令人心生好感。尽管抱有偏见令他大大减分，但无论如何算得上妈妈眼中的"绅士"。他是我在伦敦的第一个朋友。

三　济慈与巴特西的讲故事人

我当时很天真，以为坐上 137 路公共汽车，就能到达"水晶宫"，读者看到这儿定会窃笑：去吧，看你会发现什么。最初几周，我怀着至为热切的祈望，搭乘公交车大老远赶去名字诱人的地方：庞德斯恩德、海威科姆[1]、摩特雷克、牧者丛、瑞士小屋[2]，但每次抵达后，看到的都是乏味的建筑群，四下乱堆着水泥砖块等建筑垃圾，到处都是苍白焦虑的人们，身量比大多数新西兰人

- - - - - - - -

1　海威科姆是英国白金汉郡最大的镇，位于威科姆区，位于伦敦查令十字西北四十六公里。

2　Ponders End, High Wycombe, Mortlake, Shepherds Bush, Swiss Cottage：皆是伦敦及周边的地点。

都要矮小。

"这些是皮克特人[1]和苏格兰人。"我对自己说，努力从早年的历史课中挖掘出名称和形象：盎格鲁人、撒克逊人、皮克特人和苏格兰人、罗马人。

在伦敦，文字铺天盖地，令我着迷：一摞摞报纸杂志、烟草店与报刊亭窗上的广告、公交车上的站名、路标、发光的广告牌、路边小餐馆外黑板上粉笔写就的菜单（例如面糊烤大香肠[2]配两种蔬菜、牧羊人派[3]等）、地铁站的海报、公共厕所和地下通道的涂鸦，还有数不清的书店和图书馆。我从未在公共场所读到过这么多文字。

回到家里，我喜欢自己的花园房，喜欢有乐意相助的帕特里克陪伴。每天早晨我蹲在屋里地上，等待电热盘渐渐变红，好烧水洗漱泡咖啡，留下一点儿烫洗盘碟，然后，学着邻居住客的样儿，把脏水泼进醋栗丛中。醋栗丛隔开了花园房与对面主楼后的草坪，楼里住客在那儿晾晒衣服，逢着难得的好天气，会有人下午出来晒太阳，房东太太的乌龟也一并放出来，虽然此刻地球正奔向远日点，它依旧试图汲取穿过雾霾而来的些许暖意。

夜晚寒气袭人。伦敦雾霾味儿的夜气透进墙缝门

· · · · · · · ·

1 皮克特人：数世纪前先于盖尔人居住于福斯河以北的皮克塔维亚，也就是加勒多尼亚（现今的苏格兰）的原住民。
2 原文是 Giant Toad，估计是大份的 toad-in-the-hole，即放在面糊里烤的香肠，是一道传统英国餐。
3 牧羊人派（Shepherd's Pie），又称农舍派（Cottage Pie），是源自英格兰的馅饼的一种。牧羊人派有许多变种，但是主要的配料是在肉汁或者洋葱酱汁中烹制的碎红肉以及一些马铃薯泥。有时也会加入其他蔬菜，如豌豆、甜玉米、旱芹或胡萝卜，亦会加入磨碎的奶酪。牧羊人派这个称呼直到 1854 年才出现。

缝，包围了贴近地面的低矮露营床。我清清喉咙，吐出嘴里夜气带来的铁道味儿，蜷缩在薄被下，上面盖着温暖的大衣。对于寒冷我不大在意，毕竟到了伦敦，不是吗？我去了水晶宫、庞德斯恩德、皮卡迪利马戏团、海威科姆。我去克拉珀姆公地散步，抬头看见城市高处及再高处的树木，以及九月如血的残阳。如今看来，我的目的地伊维萨似乎不是几周而是几年后的事。我有很多事情要做，也需要找份工作干几周，多挣些钱。听着远处隆隆的车流声，说真的，我以为是海浪拍击着无形的海岸。就这样，我开始规划接下来在伦敦逗留的日子。

我一直盼着去汉普斯特德荒野[1]，参观济慈生活过的地方，于是有天便搭上公交车，前往汉普斯特德荒野，然后一直步行抵达那个池塘。天色灰蒙蒙的，城市罩着一层雾气，鸟群像穿过走廊般以窄窄的队形急急越过天空，朝光明的地方飞去。满树金黄的秋叶在风中颤动着、挣扎着。看到池塘边高高的棕色灯芯草，我不由自主地吟诵起来：

> 为什么你这样痛苦啊，骑士——
>
> 脸色苍白，独自彷徨？
>
> 湖上的莎草[2]已经枯萎，

. . . .

1 汉普斯特德荒野（Hampstead Heath）是一个古老的大型伦敦公园，面积约320公顷。此地横跨一条伦敦黏土带，其上则是沙丘，而此丘为伦敦最高点，从汉普斯特德绵延至海格特公墓，是伦敦著名的自然景观之一。
2 译文原作"芦苇"，而原文是 sedge（莎草），其状蓬松，略显杂乱，无芦苇挺拔摇曳之姿。

也没有鸟儿歌唱。[1]

我知道伦敦游客中，定有成千上万曾立在这枯萎的莎草前凭吊济慈，我只是其中一人。身临此境的访客定会激动地意识到，突然间自己便置身于鲜活的诗境中，也许口中还喃喃吟诵着诗行；可接下来，几乎怀着羞耻感，仿佛是拒绝破旧的礼物，他们否弃了那份兴奋；而后来却又再次将之追寻，不加评判地再次体验，不过始终清醒地意识到，面对想象力创造的世界，人们读到的往往是其第一千层、第一百万层，而绝少是最初的那一层。然而，唯有地球上的第一个日夜才配视作第一层，第二拨制造者乃是于其上编织共有的地毯，而这地毯以其特别的制作算法，为过去、现在已知或湮没的作品，以及将来的、尚未有形的作品提供了无限空间。俯瞰伦敦，我能感觉到艺术的编织层层积累，感觉到会有那么个时间，地毯变成了网或裹尸布，而在其他时间，则变为温暖的毛毯或披巾：陷入网中或温暖之中而遭埋葬的日子正在逼近。新西兰则大为不同，在那里，地名、大地、树木、海洋与天空都回响着最初的声音。对此，最早的艺术品以与诸神的原始对话做出回应。

立于汉普斯特德荒野上，我不知是该感谢还是该诅咒约翰·济慈和其他诗人，是他们种下了莎草、罗勒、

. . . .

1　出自济慈的《冷酷的妖女》，译文引自屠岸：《夜莺与古瓮——济慈诗歌精粹》，北京：人民文学出版社，2007年，第150页。

忍冬与海豚花 [1]，安排永恒的夜莺在我脑海里歌唱。对未来的担忧未能完全干扰我对伦敦的首次文学体验。那天晚上，我在花园房内阅读、背诵济慈与其他诗人的作品。（我听从了杰丝·惠特沃斯的建议，到克拉珀姆图书馆办了借阅手续，那儿的规定是"想借多少借多少"，那我还客气什么。）

我开始着手追求自己的文学理想，购入多期《新政治家》《泰晤士报文学副刊》《约翰·欧伦敦周刊》《伦敦杂志》和《诗歌评论》。有天落着雨，我跑去了诗歌学会，盯着看啊看，但最终没进去。我接触到西印度群岛作家，其诗歌与小说别开生面，令我兴奋不已；有的使用地道的文学语言，有的则采取西印度群岛英语，但观察伦敦和联合王国的目光都如黎明般清新。在西印度群岛作家深深影响下，我感到新西兰身份仍然不足（我的国度当时被认为"比英国还英国"，难道不是吗？），于是，便以初到英伦之西印度群岛移民的视角，创作了一组诗歌。这个招数弗兰克·萨吉森与我曾用过，当时我假扮太平洋海岛原住民给《伦敦杂志》投稿。此次我仍将诗作寄给这家期刊，并附信交代说，自己刚从西印度群岛来到英国。稿件给退了回来，附言中说诗作"清新而独特"，编辑乐于读到我更多的作品。不过，那组诗不大符合该刊对语言的要求。我的确意识到，创作时我

· · · · · · · · ·

1　海豚花（nodding violet）：苦苣苔科、海角苣苔属多年生草本植物，株高可达 45 厘米，花呈蓝色、淡蓝色或白色，花期秋至早春。原产于非洲坦桑尼亚。

特意卖弄文学语言，目的是不让人发现，我的诗实际上毫无价值。当时，这种卖弄亦反映出新西兰人旅居海外时寻找身份的努力，"比英国人更像英国人"与其说是夸赞，不如说是侮辱。某种意义上，我的文学谎言旨在摆脱国家谎言，全都因为后者，海外新西兰人才缺失了真正的身份。

然而，有很多具体事情要办，诗歌梦只能间或做做。我预定了行程，先乘轮渡去迪耶普[1]，再坐火车去巴黎，在旅店住一晚，第二天乘车赴巴塞罗那，最后坐轮渡过地中海抵达伊维萨。仅靠说的话，这趟旅程并不复杂，三言两语就能搞定！

接下来，我在巴特西技术学院宿舍找了份两周的工作，既当女佣也做女招待，早上六点上班，一直干到中午。先是从方砖祭坛般的大壁炉里清理出灰烬，再将溅了灰的地板扫净擦亮，这时大约已经八九点钟，大学生们来来往往，去吃早饭的，吃完早饭的，赶去上课的，下课回来的，在灰烬上踩出一个个脚印，仿佛毫不知情地走在维苏威的山坡上，而我则像大山的女仆，跪在地板上擦洗抛光整个世界。学生和教职员离开后，我便开始打扫卧室，里面弥漫着浓重的熏香味，因为宿舍里除了英国学生外，还有来自非洲各国以及印度、埃及与阿拉伯的求学者，大家各有各的宗教。宿舍员工大多来自伦敦本地，有英国的也有西印度群岛的。出乎意料地，在这栋宿舍里，我仿佛生活在二战的岁月里。

⋯⋯⋯⋯

1　迪耶普（Dieppe）：法国北部港口城市，临英吉利海峡。

上午十一点钟开"午饭"，其实就是一顿丰盛的上午茶[1]。此时，宿舍员工们坐下来，一边吃"门阶"面包[2]和奶酪三明治，一边喝茶聊天，开场白总是前一晚的电视节目，接着便说起伦敦空袭时各自的遭遇。聊电视节目显然是给重头戏做铺垫，也许是为了安慰自己说，即将绘声绘色描述的经历，如今已隐没在往昔的阴影里。然而日复一日，女人们聊着战争，重历此前绝口不提如今方能描述的恐怖场景，我则静坐倾听，内心因恐惧而战栗，因为时间并非如人们告诉你的那样，按部就班地从过去流到现在，从现在淌向未来，而是颠倒瓦解。我越发尊敬百折不挠的经验，它就像个决然的求爱者，不懈地追逐着，始终不肯放下张开的双臂，最终用语言锁定了最佳表达，即便就眼前的场景而言，它花了十五年时间来提炼、缓解、冲刷、拭泪、改变内容和视角、保存、丢弃、经历死亡与再生。倘若战争并非共同经历，记忆也许便会缺乏那种合力，抹除当下的 1956 年，抹除长长的木质餐桌、学生和技术学院，将四十五至五十岁大多为女性的舍工，替换成三十二岁的他们，成为我的同龄人。

那些日子里，我开始了解伦敦人曾经历的战争。战争的遗迹清晰可见：炸毁的建筑尚未重建，荒草丛中瓦砾狼藉；空袭中埋葬了数百人的废弃地铁站；经历死亡遭

1　上午茶（morning tea）：英国称之为 elevenses，澳洲及新西兰称为 morning tea，小学就称为 little lunch 或 play lunch，介于早餐和午餐之间，类似于下午茶，于早上十一点钟左右进食。

2　"doorstep" bread：一种切成厚片的面包，有时用两片做成三明治。

到摧毁的广场和街道如今竖起了纪念碑，上面刻着罹难者姓名。我对巴特西这些讲故事的人极感兴趣，便不大介意在如今冰冷潮湿的花园房中一早醒来，穿过潮润的雾气赶去宿舍，吃力不讨好地清理灰烬，傍晚为主餐桌端汤上菜，平时伺候下午茶，周日还要伺候傍晚茶。我站在"低处的"餐桌旁，等待餐厅平台上主餐桌的客人招呼，心想英国人真是老派。等级受到尊崇：无人胆敢错认级别或无视身份乱说话。我知道过去在精神病院里，我也目睹过类似情形，医生、护士长和高级员工被视作神明，而我也曾仰视大学讲师和教授。宿舍整个环境打造得既适合某些高等人，也适合其他等而下之的人，令这个系统永恒不变，将每人固定在其位置上，一切风平浪静，毫无风暴的迹象，不必担心系统松动重组，而对重组的反对总源于位置已定带来的安全感。

到伯克利广场的新南威尔士银行取邮件的日子里，我会跟其他澳新人士交换看法。

"所有这些你们怎么看？"我们彼此问道。

回答通常是："你是说等级制度？这些人还生活在中世纪呢。"

然而我觉得，巴特西的讲故事人正悄然组织着自己的革命，即便根本没想到历史上的暴动……皮克特人和苏格兰人……盎格鲁人……撒克逊人……伦底纽姆[1]的罗马人。

. . . .

1　伦底纽姆（Londinium）：拉丁语，伦敦的古名。

四 三 个

一天下午，我搭乘已坐熟的 137 路公交车，从伦敦市中心去克拉珀姆公地，这趟车的终点是水晶宫。我注意到有个乘客盯着我，一路盯到公地。下车后他便快步跟上来，赶到了我身边。

"我叫尼格尔·N，"他说，"是法律系学生，就住在雪松街。"

"哦，我也住那儿。"我拘谨地回应道，不过，倘若他明显是个英国人，我会更拘谨些。起初我觉得他不像学生，看面相估计得有三十五岁，可又突然想起，技术学院很多男生都四十好几了。尼格尔一副"城里人"打扮：深色条纹西装，白衬衣白手帕，圆顶礼帽，收卷齐整的雨伞用作手杖，不时抖个花式。这副模样颇为滑稽造作，让我觉得既可怜又可鄙。

"我是西非来的，"他说，"尼日利亚。"

"我是新西兰的。"

"哦，是新西兰啊。"他高声道，然后便如数家珍般列举出新西兰的各类事实，比如大地风貌、海湾河流瀑布、进出口情况、城市及其特色。我在伦敦遇到的人中，极少有人对新西兰这般了若指掌。

我崇拜地听着他娓娓道来，可他说完时，我却只有沉默。真是很丢人啊，这等于告诉他，我对非洲与非洲人何等无知。儿时观看的人猿泰山电影中，面涂油彩的战士围着人祭牺牲狂舞，嘴里发出类似于"遥远的丛林，遥远的丛林"的声音。成年后，我的生活与非洲毫无交集，因此只好从童年记忆中挖掘神话和好奇心，它们被学校教育及日常经历关在一扇扇镶钻的大门内，只有阅读奥丽芙·施赖纳、多丽丝·莱辛、丹·雅各布森[1]、艾伦·帕顿[2]以及纳丁·戈迪默的作品时，那些门才稍稍开启，尽管富有想象力与同理心，其写作并不具备非洲原住民的独特视角。

所以，尼格尔提出周末请看电影的时候，我便答应了，不过还是有稍许紧张，因为我已开始大量阅读伦敦的报纸，包括《世界新闻报》和《南伦敦新闻》，二者皆报道本地家庭及街头骇人听闻之事，描叙详尽，读之有如亲历。我心想，尼格尔有可能是皮条客哦，一门心思要把我骗去莱切斯特广场。我遇到过将豪车停靠路边跟女人搭讪的家伙，他们就那么死跟着，见我逃到热闹些的街道或者钻进灯火通明的店铺才肯罢手。一想到自己不够谨慎，给人"搭讪"的机会，我便心慌意乱，同时庆幸电影是下午场。我记得在公交车上，尼格尔始终全神贯注地盯着我：也许在他们国家，大家都是这样结交人的？我晓得自己无知，生在殖民地，受了殖民教育，但却满怀热情，希望了解世界上其他民族，了解"他们"，那些迄今为止仅是统计数据的人们；对于他们，我们只有刻板印象，掺杂着等量的好奇、恐惧与偏见，但

· · · · · · · · ·

1　丹·雅各布森（Dan Jacobson, 1929—2014）：南非小说家，短篇小说家，立陶宛犹太血统的评论家和散文家。
2　艾伦·帕顿（Alan Paton, 1903—1988）：南非作家，处女作《哭泣吧，亲爱的国度》（*Cry, the Beloved Country*）一出版便引起了国际社会对南非种族不公的强烈关注。

主旋律却是"爱你的邻居""互爱或死亡";那么,为何对周六下午与尼格尔的影院之约我并不期待?

我们约好在克拉珀姆公地站碰面,搭乘从水晶宫开来的137路车,去位于莱切斯特广场附近的电影院。尼格尔穿着潇洒,依旧像个在"城里"上班的伦敦人,唯一不足的,是他没有那种窄窄的真皮公文包,上面有烫金的姓名缩写。此外,他也不像英国城里人那样面色苍白。我是个听取了别人建议、读了旅行手册的女性旅人,因而身上也是这类人的标配:穿针织长袖衫、裙子和大衣,提旅乐手提包,内有多个隔层,用来放各种旅行文件。我毫不怀疑,要不了多久,一旦在新环境中安顿下来,我便会像尼格尔那样丢掉这身假模假样的行头。这不,我的旅乐手提包已不是什么"乐",而是一个累赘:衬里太厚,带扣与搭扣竟是黄铜的,背带留得很长以便挎在肩上,而且不知为何,竟然有锁和钥匙。

电影是当时很火的一部宽银幕史诗片,具体名字记不得了。我们坐在第一层楼厅的前排,那是最佳的观影位置。影院的蓝色穹顶象征天空,上有银色星斗闪烁,舞台下方有平台,上置一架电子风琴,演奏着罗杰斯和汉默斯坦[1]的优美旋律。中场休息(我是看英式橄榄球长大的,因此称之为"半场休息")时,尼格尔没有急着赶去休息厅吸烟,而是买来最好的冰激凌,上面旋着巧克力酱。

· · · · · · · ·

1　罗杰斯和汉默斯坦(Rodgers and Hammerstein)是指作曲家理查德·罗杰斯和作词家奥斯卡·汉默斯坦,他们是一个有影响力、有创造力和极为成功的美国音乐剧团队,在20世纪40年代和50年代创作了一系列流行的百老汇音乐剧,开创了音乐剧的"黄金时代"。

坐在那儿舔冰激凌的时候，我环顾四周，发现别人也在看我，于是渐渐不自然起来，不过继而便觉得自己挺有"价值"，和一个非洲人"约会"说明我没有种族偏见，这令我心里感到舒坦。在伦敦的那几周，报纸和广播不断地提到"种族偏见"，我也因此不得不首次审视自己，意识到作为白人，我的自得具有何等性质。我必须承认，同帕特里克公然的偏见相比，我也好不了多少，这令我感到悲哀。有什么道理我一定就比他好呢？

电影散场后，尼格尔同我到附近一家叫"里昂"的馆子点了三明治和咖啡。我再度感到不自然，报纸上所谓丑闻我是读过的，讲的是黑种女人和白种男人，或白种女人和黑种男人厮混的事儿，背后的潜台词是说，那些女的是妓女，黑种男人是皮条客，而白种男人是倒霉鬼。报纸的这番说辞竟似合情合理。

为了纾解或驱散心中的不安，我尽力享受尼格尔的陪伴。我们有许多相似之处，均来自殖民地，有过类似的教育，深受大英帝国熏陶，通晓英国历史、物产、河流、城市及国王，对英国文学甚为熟稔。他也接受过谁好谁坏谁勇敢的观念，谁是朋友谁是敌人泾渭分明，立场坚定永不变。他也通过阅读了解到其他地方其他社会，而对自己的世界却缺乏认识，好似它给蒙上了隐身衣。然而我比他幸运，因为我的祖先位列善良、强壮、勇敢、友好的一方，是慷慨的施予者，是老天保佑的好心人。我们在下摄政街等公交车。

"我们上二层坐吧。"尼格尔兴冲冲地说。

"不，我喜欢坐下面。"我不冷不热地说，这并非完全出于矜持，因为我知道，坐在伦敦双层巴士摇来摆去的上层，我有晕车的可能。

上了公交车，我们并排坐在一层靠门的长座位上。浆洗过的衣领太硬，他只得梗着脖子，而我则有一搭没一搭地闲扯几句，刻意补偿此前心中的尴尬。我偷眼瞥向他，只是瞧一瞧，那种隐秘的盯视。他双手微攥着，炭黑色的掌缘内侧是略带黑色的粉红，仿佛每只手心都握着粉红的玫瑰花蕾。目睹这种美，任何出于"义务"的情感，任何为爱而装出来的爱，任何对抽象"人性"的多愁善感都烟消云散。尖酸刻薄之辈会说，尼格尔身着英人的服装，显然很想否认自己的出身，变成真正的英国人，可即便这样，又有什么能像一束玫瑰花，这英国人的花，更能令他接近自己的目标呢？我没那么恶毒，因为我也穿着英人的衣服，济慈用文字织就的衣服："美就是真实，真实就是美。"[1]

我们沿着公地走回雪松街。

"回家跳舞吧。"他说，"把地毯卷起来，就可以跳啊跳啊。"

我感到一种威胁，顺嘴回道"不了谢谢"，同时瞥了他一眼，见他脸色有变，心里明白，他定是觉得我也是个种族偏见者。

我赶紧补充道："不是别的，我还有很多事儿要做。谢谢你啊，今天下午过得很开心。"

他温和地笑了笑。

• • • • • • • •

1　这是济慈名诗《希腊古瓮颂》里的诗句。

"你该跳跳舞，"他说，"你们都该跳跳舞，快活些有什么不好。你们英国人啊，就是不知道如何让自己快活。"

我没有纠正他，说"我可不是英国人，是新西兰人"，因为他说的没错。对自己的怯懦我深感羞愧。我知道自己大可以吃吃饭跳跳舞，但又觉得"享受生活"会分散精力，伤害写作欲望，耗费写作时间。我不愿意冒这个险。

我们冷冰冰地分了手。事后我收到他一张字条，说很遗憾我不愿意花时间跳舞。我再没见过他。记得遭《伦敦杂志》退稿的诗中有这么几行：

> 现在你点燃了火，
>
> 跳舞的女人戴着琥珀珠子，
>
> 冰冷的剪刀咔嚓咔嚓，
>
> 剪短了夏日的裙边。

还有：

> 他来自遥远的国度，
>
> 那里的人们坐在柠檬树下，
>
> 让白脸的朱红色巨牛猜谜。

接下来的那周，我接受了杰克的邀请，这次依然是"看电影"。他住在主楼地下室，是位英国物理学家，在技术学院教书。那晚，我们去了克拉珀姆枢纽站附近一家影院，坐在最后一排。电影名字我同样记不得了。中间休息时，杰克微微张了张嘴，露出洁白的牙齿，压低声音从牙缝里挤出一句话："冰激凌你喜欢巧克力的还是什么都不加？"

这个再普通不过的问题，一旦用伦敦腔说出来，在我耳中，就如尼格尔背诵英国国王王后、新西兰山川河流一般充满启示。

"要不要来个蛋筒冰激凌？"

蛋筒冰激凌！

蛋筒冰激凌、傍晚茶、室内装饰、人行道、向右拐、向左拐[1]、面糊烤大香肠配两种蔬菜。你坐地铁[2]吗？水晶宫、海威科姆、图廷贝克[3]、旺兹沃思[4]……

"她看起来挺靓，对不？"[5]

杰克竟然乱用语法，这令我大吃一惊。就我受到的严格教育而言，这样做跟犯罪一般无二。破坏语言规则等于犯罪，应该严加惩罚，我对此深信不疑，只是自己从未意识到。我不觉得分属这么多种族、文化的伦敦人会生活在对分裂不定式、虚悬分词、关系错误分句的恐惧中，即便这些错误会招致惩戒。

我和杰克吃了巧克力冰，它是长方形的，包在银色

. . . .

1　原文是"Bear Right, Bear Left"，不用"turn"而用"bear"表示'拐弯'，很有英伦特色。

2　此处原文是"tube"，不用"subway""underground"或"metro"，也是在突出英伦味道。

3　图廷贝克：位于英国伦敦南部旺兹沃思的伦敦自治市镇。

4　旺兹沃思：一处热闹的住宅区，以约克路（Old York Road）闻名，道路两旁林立着时髦的早午餐店、人行道咖啡厅及风格多元的独立精品店。

5　原文是"She do look pretty, don't she?"严格地说，没用第三人称单数，不符合英语语法。

的锡纸里，上面有层脆脆的巧克力。我们还买了橙汁慢慢啜饮。电影结束后散步回雪松街，先去他房间喝了杯咖啡，然后我便回了花园房。第二天是周六，太阳出来后，我坐到醋栗丛边，见他走进花园。即便闲暇时，他也同许多伦敦人一样穿着齐整。见他身穿正装，躺在我铺好的地毯上，实在觉得很别扭。他开始逗弄房东太太的乌龟，希望它把头伸出壳外。看着他学童般撩拨戳捅那乌龟，我不禁纳闷，这个高大苍白的男人喜欢巧克力冰和蛋筒，说话时犯语法错误，这会儿还骚扰小动物，他真是位物理老师吗？我有一些固定观念，认为做一行就该有那行的样子，对"现实世界"中的人我依然所知甚少，觉得物理学家、医生和律师是专业人士，怎可能露出孩子气，所以在我看来，物理学家杰克的行为真是难以置信。我记得一个故事，说的是一位丁尼生的崇拜者，听到这位诗人一开口便抱怨煤太贵时，简直惊得目瞪口呆。

杰克的行为无异于常人，这令我颇感沮丧。同时，令我感到震惊的是，对于阴郁的生活，雪松街的人似乎已经认命：他们的房间就该散发着煤油味儿，就该摆着"净水"桶与肮脏的污水桶；他们的孤独就该埋在心里，几句随意的交谈就该令他们依依不舍，飘过楼梯飘入房门的只言片语就该猛地抓住，仿佛那是最后的希望。虽然此刻我也是其中一员，但却觉得自己有出路，有目标。

而且，我还有那个"信使"。

我心想，雪松街的租客们也有信使吗？我看着物理学家杰克捅那只乌龟。

"你会伤到它的。"我说。

他笑了笑，嘴唇略张，就像轻启一扇门，却又担心恶意的空气、讨账的债主和陌生的面孔趁势而入。

"它感觉不到的。"

太阳已躲到密集的云层后。夜晚一天早似一天降临。硬说夏天尚未结束已毫无意义。树叶在风中发出刺耳的脆响。醋栗的果实早已采摘，仅余光秃秃的枝叶。我回到花园房内，摊开地图仔细研究即将到来的欧洲之旅。白昼缩短，黑夜变长，清晨与夜晚清冷而潮湿，伦敦林立的建筑给人安慰，这一切，甚至是隔壁肿瘤医院长年累积的阴郁和靠着花园房的高墙，都令我冬日赴欧洲旅行的欲望馁弱下去。我想，西班牙在南方，也许会是不同的吧。我再次遭到文学的欺骗：

> 哦，要是有满溢着南方温暖的一杯[1]……

以及：

> 燕子燕子飞向南[2]……

我第三次遇到的，是国会山运动场[3]的几位艺术家。

住伊维萨的那对年轻夫妇给了个地址，弗兰克·萨吉森来信中总提醒我，别忘了去拜访一下。于是有天下午，我给他们打了电话，人家当即邀我共进晚餐。接电话的是个叫本的诗人，同我讲了该如何走。听到国会山

. . . .

1 出自济慈名诗《夜莺颂》。

2 出自丁尼生的诗《哦，燕子》。

3 国会山运动场（Parliament Hill Fields）：伦敦国会山下的户外运动场所。

运动场和鬼踞区[1]的名字，我甚为期待，迫不及待地坐上公交车，赶到一条两边皆是砖石建筑的街道，本正在那里迎候我。这是个黝黑苗条的年轻人，缩着瘦削的双肩，两条长臂如钟摆般前后晃悠，他领着我从车站走向一栋房子。

他有一双深邃的棕色眼睛，面容苍白且带潮润之色。

"这么说你打新西兰来？"他带着苏格兰口音，边问边瞧我，似乎在寻找什么标记。

"那你是苏格兰人啰？"

"不是啊。"

"听起来像。"

"是吧。"

他笑起来，解释说前不久头一次去了苏格兰，还碰到了休·麦克迪米德[2]。

"休·麦克迪米德哦。"

"噢？"

我知道，自己应该显得激动、或许惊异才对，羡慕是一定要的；不过可悲的是，我并不曾听过休·麦克迪米德的大名。凭直觉，他肯定是位诗人。突然间记起来，我那本《现代英语诗歌精选》中有首震人心魄的诗，提

· · · · · · · ·

1　鬼踞区（Crouch End）：是伦敦北部的一个区域，距离哈林盖区西半部的伦敦市大约八公里。

2　休·麦克迪米德（Hugh MacDiarmid, 1892—1978）：苏格兰诗人、散文家、记者和政治家，是苏格兰文艺复兴的核心人物，对苏格兰文化与政治产生了持久而深刻的影响。

到了"砖石的墙垣"[1]。难道那就是麦克迪米德的大作？

"麦克迪米德和詹姆斯·乔伊斯是我最喜欢的诗人了。"本用他轻柔的苏格兰口音说，还不忘"是啊，是啊"地补充道。

"我是波兰人。"他说，此时我们快走到鬼踞区那栋房子的正门了。

这里住着几位租客，有男有女，都是来伦敦追求艺术的。他们热情地跟我打招呼，我照例说自己是"大老远从新西兰来的"，他们便问我为何要来伦敦。

"我是作家。"我大大方方地说，虽然底气不太足，"文学基金资助我出来增加见识。"

"那你写过什么书吗？"

"写过两本的。"我装作随意地说道。

"那有没有出版呢？"

我意识到，对这几位新朋友而言，会写并不等于能出。

"你是说你已经出书了？"

"出了一本短篇小说集。还有部长篇很快了。"

"只是在新西兰而已。"我急急地补充道，不想让他们太吃惊，引起些好奇也就够了。"希望有天我的长篇能在这儿出版。"

我们准备坐下来吃晚饭。一位年轻丰腴的主妇将一

· · · · · · · · ·

1　这正是休·麦克迪米德的一首悼亡诗，题为《砖石的墙垣》，题名出自莎士比亚《罗密欧与朱丽叶》第二幕第二场，罗密欧说"我借着爱的轻翼飞过园墙，因为砖石的墙垣是不能将爱情阻隔的"。译文出自《莎士比亚全集》第四卷，北京：人民文学出版社，1994 年，第 636—637 页。

大盘水果放到桌子中央。转身回来时，又端上一大盘沙拉，另有一盘米饭。听到有人说"她出了一本书呢！"这女人便停下动作，怔怔地瞅着我，紧接着如发出召集令以应对紧急状况般冲厨房里的人喊道："快过来看啊，她都出书了！"

几个准备一起吃饭的人也奔了进来，所有眼睛都集中到我身上。这时有人开口了："出过书的人我还真没见过，我是说，像我们这样的人。"

大家开始吃晚饭。

"这是西班牙海鲜饭。"有人说。

"哦，我知道。"我开心地应着，仿佛又回到了萨吉森的地盘上。

这些朋友令我大为赞叹，他们才华横溢、睿智聪慧、学识渊博，能像他们一般优秀该多好！我急于呈现真实的自己，以免引起误解，于是一再说我的书只"在新西兰出版"，而那部长篇也仅会"在新西兰发售"。

他们问是哪家出版社。

"第一本在凯克斯顿。"我说，"长篇在佩加瑟斯。"

听我这么说，遇到书籍作者的兴奋有所减退，他们坦言，不出书则已，要出就要在费伯书局出。

我坦诚地说，费伯也是我的梦想。

"当然还有多伊奇 [1]……迈克尔·约瑟夫 [2]……考尔

· · · · · · · · ·

1 由出生于匈牙利的英国出版家安德烈·多伊奇（André Deutsch, 1917—2000）创办的出版公司。
2 由迈克尔·约瑟夫（Michael Joseph, 1897—1958）创办的出版公司，1985年出售给企鹅出版社。

德[1]。"我们郑重地举起杯中红酒向费伯书局，这家致力于诗歌出版的顶级书局致敬。

他们一直聊到深夜，我在一旁倾听着，惊叹于他们的祈望与梦想：画展、表演、出版，因为他们并不都是诗人。后来见已太晚，回雪松街的公交车都没了，他们便建议我留下过夜，就睡玛丽那间房。本说玛丽曾是自己的女友，可有天晚上他进屋时，却发现她倒在朵拉怀里。本说去了趟苏格兰，遇到了麦克迪米德，回来后就一个人睡了。已是午夜时分，大家还兴奋地谈论着麦克迪米德。他真是位伟大的诗人！足以同乔伊斯、叶芝和T. S. 艾略特并驾齐驱。

"那奥登呢？"

"哦对了，奥登！他也是。"

"T. S. 艾略特还是费伯书局的总编呢。"

那晚我激动不已，难以入眠；其他人都去睡了，大多同自己的伴侣。玛丽与女友朵拉睡楼上。我躺在那儿，想到他们的诗人梦和满满的自信，心中大为感慨。似乎仅靠"我是诗人，我是画家"这句话的魔力，他们便能梦想成真。我亦惊奇于这种共同生活的方式，他们如此自由，不必受制于严苛的权威。令我诧异的是，有些租客竟是本地人，家就在伦敦。有两个女孩儿拿了奖学金，就读于斯莱德美术学院。有些人一心追求艺术梦想，没有正式工作，本就是这样，至于钱嘛，则靠在艺术课上

· · · · · · · ·

1 由约翰·麦肯奇·考尔德（John Mackenzie Calder, 1927—2018）创办的出版公司。

做模特来挣，吃饭问题也好解决，只需跑去牛津街和骑士桥[1]那些店铺的免费试吃区，便可大吃饼干和鱼子酱，品尝各式馅饼与奶酪，也没人敢撵他们走，谁能保证他们不是乔装改扮、行为古怪的富豪。

早晨醒来，睁眼便见到漠然倨傲的日光。人人准备开始新的一天，而我就是个陌生人。我不是在做梦吧，昨晚竟同这些自信的聪明人一起举杯向费伯书局致敬。换了是在新西兰，我绝不敢接近这类人，除非是安全地坐在角落里，由弗兰克·萨吉森主宰谈话。

我怯怯地说了声早安。不了，我就不等早饭了。跟众人道别、答应再来后，我便赶去车站，匆忙间弄丢了零钱包，于是羞愧而惶然地往回跑。

"我把钱包搞丢了，里面有钱和钥匙！"

我觉得整个人一团糟，就这种状态还妄想在费伯书局出书？即便在英国出版我的小说都希望渺茫，好像我写的东西不过是将词语乱丢一气，就像随手乱扔钱包、钥匙和钱那样。

鬼蹴区艺术家们的一天业已开始，早上是闭门创作的时间，人人都已沉浸其中，而我却像个闯上舞台的人，暴露在聚光灯下，孤单无依，格格不入。我再次喊道："我的钱包！我的钥匙！我的钱！"

本从创作中抽出身来，陪我走回公交站，给了我足够的车资。

赶回雪松街，大门锁着进不去，我只好按响主楼门

1 伦敦市中心西部的一条街道。

铃。帕特里克·赖利找来把备用钥匙给我解了围，后来又拿来一套新钥匙。

"这事房东太太不会知道的。"他说，"不过，我也不会天天这么做。"任何行为，包括他自己的，帕特里克都依照一套固定的规则来评判。有些是原则性的，有的偶尔可作变通。虽然昨晚没回花园房，但也没干见不得人的事儿，我隐隐感到，对此他还算满意，不过听说我的新朋友是艺术家和诗人，还是皱了皱眉。

"你不该跟那种人瞎混。"他说，"净是些游手好闲的，什么活儿都不干，根本没什么道德意识。"

"哦不，"我争辩道，"他们有活儿干的。"在他们闪亮自信的触动下，我提醒帕特里克说，我是个作家。

"你不一样。等你去过西班牙再回伦敦时，肯定能找份正经工作。"

"何以见得呢?"

"那是当然。皮克·福林饼干厂一直都在招人。或者你可以做速记员。"

"皮克·福林饼干厂?"

"皮克·福林饼干厂。"

我觉得，帕特里克·赖利仿佛是从一捧新西兰泥土中生长出来的，那土不知如何溜进了我的绿色帆布包，然后给撒进了雪松街的花园。他当初的确帮过我，可如今却想替我做主。他不乐意我去伊维萨，勉强接受后，却打定主意替我安排，要我"无牵无挂"地回到伦敦，找一份体面的工作。

"到那时，我们就可以一起规划未来了。"他说。

我无言以对。这人我并不怎么喜欢。他让我想起遥远的中学时代硬凑在一起吃午饭的人，因为实在无人做伴。虽然他举止自信，对几乎任何话题均有坚定的看法，然而我却强烈地感到，他是这严苛世界的又一个弃儿，虽然他大概从未如此看待自己。他是优秀的公交司机，这点他心知肚明，此前之所以拒绝晋升为查票员，是因为不愿站在伦敦公交站上挨冻，抖动胳膊取暖，眼瞅着一辆辆公交车驶过，驾驶员舒服地坐在车里，无须在严寒中遭罪。他更愿意东奔西跑，高坐在车上驾驶，听从二层售票员的指挥，跺一下脚是"走"，跺两下脚是"停"。尽管如此，他知道自己是"当经理的料"。他是这么说的。

"毫无疑问我是当经理的料。"

他人不但聪明，而且很会讲话，既能引人注意，也懂发号施令。在那小房间里，享受着最好的蓝盖牛奶、皮克·福林黑巧消化饼、顶级爱尔兰火腿与奶酪，他保有着自信与笃定。

不过，他深邃的棕色眼眸里时不时会闪过一丝不安：难道一切就如表面所示吗？或者，也许他曾错过了什么？

五　一盘棋

在伦敦的最后一周，我结束了技术学院的工作，同巴特西的讲故事人道别。临行前一天，诗人本来看我，用过茶和皮克·福林黑巧消化饼后，我们聊到了国际象棋，发现彼此都喜欢，而且也都几个星期没摸棋子了。他心血来潮地说："我们买一副来下吧。"我想都没想就说好。

二人立刻外出寻找。克拉珀姆的店铺都没开门，克拉珀姆枢纽站也关了。我们经过巴特西、切尔西，朝斯隆广场走去，但都没发现有象棋出售，回头又跑到巴勒姆和图廷碰运气。越走，找到象棋的希望越渺茫，我们也越发绝望。两个人心里都清楚，却没有说破：最初的下棋冲动早已荡然无存，在伦敦秋日的午后，那盘棋已变为渴望的象征，那渴望无可名状，在两个胸怀诗歌梦想的年轻男女心中激荡。本如划动船桨般摆动长臂，脚下生风，我紧赶慢赶才跟得上，两人哪里是走路，简直是赛跑。旁观者定会感到迷惑不解："这么个秋天下午，一男一女疾步如飞穿过伦敦所为何故？是不是丢了东西急着寻找？还是有什么人或东西在背后追赶？"

最后我们决定放弃，但脚步却未放缓，直奔本妈妈的住处而去。那是套复式小公寓，位于汉普斯特德。他母亲是波兰移民，身材矮小，穿着黑衣，不会讲英语，可生的儿子竟能说会道，真令人百思不解，难以置信。年轻男女常把父母妥帖藏起，仿佛缝进麻袋，收在心里。

我们在二楼本的房间谈论书籍。他躺在那张宽大的双人床上。

"等我找到个犹太女孩儿结了婚，这就是我的婚床。"他说。

他朗读了几首休·麦克迪米德的诗，还读了几段

《尤利西斯》。等到我说要走的时候，就像没能买到象棋时那样，心中感到些许遗憾、无奈和失落。他陪我穿过荒野去车站，路过池塘时，我指指枯黄的莎草让他看，虽然它属于初到伦敦时的记忆，可我仿佛已在那儿生活多年。我说："以前就是这样的，还有这个。"我意识到，离开会扭曲人的时间感。

公交车来了。我们道别，说好要保持联系。这一天我们形影不离，从熟人一跃而成朋友。我们感觉到了彼此胸中涌动的诗情，就像两栋紧挨着的楼宇，各自房间灯光亮起，各自的住户各行其道，赶去不同的目的地，偶尔驻足时，辨认出对面灯火构成的图案。

我回到花园房去过最后一夜。几天不见的帕特里克·赖利正在等我。

"你最后一晚在这了，我们去公地吃个饭吧。"他提议道。

"那好吧……"

我们横穿公地，经过"断码服装店"，杰丝·惠特沃斯身量矮小，到伦敦时常去光顾，因为店子的商讯定期寄到她在花园房的住处。断码店最新商品宣传册。

接着，我们路过了 ABC，一家规模可观的二手书店，兼营文具，橱窗里摆着一排蒙尘的自来水笔，上方陈列着公文包、塑料玩具和积了灰的拼图游戏。终于到了一家饭店，不是帕特里克平常光顾的路边小餐馆，餐桌上铺着桌布，菜单是印制的，而非写在门外的黑板上。

我请帕特里克点餐。他要了五分熟牛排和蔬菜，甜点是苹果派和奶油[1]。

牛排很大一块，纤维挺粗，帕特里克看了直摇头，抱怨道："我猜这是马肉。"

我正嚼着嘴里的肉，听到这话便拉下脸说："肯定不是喽。"

"谁说不是，只要不被发现，就经常给客人上马肉。我还指望着能吃到上好的爱尔兰牛排呢。"

我自顾自笑了笑。瞧瞧我自己，没有对新西兰黄油之神的崇拜，能长这么大吗？每次买黄油时都会问："是新西兰的吗？我可是大老远从新西兰来的哦。"轮到帕特里克，同样是只爱家乡的黄油、培根和牛排。

我们不咸不淡地聊着。帕特里克平庸无趣，浪漫或激越与他无缘，不过有时候，我们傍晚到公地散步，会遇到玩船模的人聚于一处，虽然夜晚天气大多晴好，他们却穿着雨衣、戴着防水帽站在那里，捧着遥控器按键换挡。每当这时候，帕特里克便会聊起爱尔兰和淘气的小精灵，一脸如梦如幻的样子。他说小精灵可是他亲眼所见。我相信他说的是真的，尤其在某些个黄昏，如血的残阳挣扎在地平线上，小径上、树底下，如枯手般的悬铃木叶仿佛给重新点燃，再次焕发出生命的光彩。和帕特里克在一起，有时我会感到厌倦，他的偏执也会令我压抑，可一旦想起那些小精灵，心里也就释然了。

. . . .

1　奶油（cream）：又称稀奶油、淡奶油，是由未均质化之前的生牛乳顶层的牛奶脂肪含量较高的一层制得的乳制品，可以空口吃。

第二天他请了假到车站送我。"保持联系啊，"他说，"还要保持无牵无挂的状态。"他的棕色眼睛益发显得深邃，一声声"再见"让我的心变得柔软，泪水涌了上来。我悲哀地看着他，这又是一个迷失的灵魂，似乎并未意识到自己身处其中的，是禁锢还是自由。

我订的是卧铺。渡轮起航，驶入了英吉利海峡。雾气浓重，无法导航，行到半程便停了下来。大海波澜不兴。我听到海水轻缓地拍打着船身，雾笛宛如焦虑的海鸟，彼此呼唤着。

六　罗马广场

回想到巴黎的那天，说法语别人怎么都听不懂，急得我直掉眼泪。最终买到面包、鸡蛋和黄油，回旅馆那俯视老巴士底狱旧址的小阁间，拿出自带的小炉子做饭，那一刻我忽有所悟，面包真就意味着"痛苦"[1]。弗兰克·萨吉森曾大谈欧洲徒步旅行，杰丝·惠特沃斯也曾分享最近的海外经历，那些经验门道我已谙熟于胸，分毫不差地依其而行。无论去哪儿，最要紧的是节省开销，所以最好自己做饭，住野营营地或青年旅馆。于是，我带着各类家什来到巴黎，譬如平底锅和茶壶、女童子军厨用刀具、启罐器、小折刀、固体酒精小炉子，还有睡袋和床单。此外，我在伦敦买了不少书，有新有旧，其

· · · · · · · ·

1　法语的面包是 pain，偏巧在英语中是"疼痛"的意思。

中就有《西班牙语自学手册 I》和《西班牙语短语自学手册》。这些书籍，连同浅褐色连帽长袖衫、练习簿、小毯子（"旅行的人都带着小毯子"）以及一批衣服，都塞在业已鼓胀的箱子里，打字机照例装在绿色帆布背包内，这一大堆行李令我不堪重负。之所以选择这家旅馆，是因为它俯视巴士底狱，在巴黎也就待两天，我可不想仅仅张罗旅行事宜，对着一堆行李唉声叹气。透过狭小的窗户望着冬日的天空，我一边低声吟诵心爱的法国小说散文名段，一边安慰自己说，我在巴黎了。谁曾想到有一天我会来到巴黎？我为自己唱起民歌《邓肯·格雷》的片段：

> 你要为我去巴黎，
>
> 哈哈这就是求爱……

我的巴黎记忆怎能只是首日的尴尬。次日天光未亮，我便精神抖擞地踏出旅馆，去探索这座城市的大街小巷。一段时间后，我发现自己在中央市场的菜市中迷了路，被卷心菜包围着，不时给绊到，菜叶踩着直打滑，而且无法逃离，即使背诵都德、《故事与传奇》[1]、皮埃尔·洛蒂[2]和维克多·雨果也无济于事。

　　最后好不容易回到旅馆，赶忙准备坐夜车去巴塞罗那。

· · · · · · · ·

1　编辑于1913—1914年的一部民间故事选集。

2　皮埃尔·洛蒂（Pierre Loti，1850—1923）：法国小说家和海军军官，出生于罗什福尔，著有《冰岛渔夫》《拉曼邱的恋爱》《菊子夫人》等书。

到了火车站，我站在一个标有"Consigne"[1]的柜台前排队，以为能将行李托运到巴塞罗那。除了一个小购物袋和旅乐包外，我"托运"了所有行李，可奇怪的是，那职员没验我的车票，反倒是给我张印着数字的小票。难道这不反常吗？

"您不用看我的车票吗？"[2] 我清晰地背出了这句话，心里很是得意。

"不用。"

我乐意相信这是法国人的方式，于是便赶去月台，上车找到座位，然后像急迫的旅人般时不时望向窗外，等着送行李的手推车经过，好看看我那几件在不在。

对面长座位上的旅客，是位老年男子和一个极度虚弱的小男孩儿，他盖着毯子躺在那儿，头枕着男人的腿。男人说孩子在巴黎动了心脏手术。整个旅途中，他不时从包里挑些葡萄出来，一颗颗喂给男孩儿，男孩儿则像小鸟般张嘴吃进去。

老人说："葡萄对他有好处，能让他好起来。"

包厢里还有两位去佩皮尼昂[3]的西班牙中年妇女，用西班牙语聊了好几个钟头才沉沉睡去，而我则不时打着盹儿。那位老人始终没睡，他笔直地坐着，时刻留意着孩子，有时给他扯扯毯子，所以即便是半睡半醒时，蒙

. . . .

1　此法语词是"行李寄存处"的意思，而作者误以为是英语的 consign（寄送、托运）。

2　原文是法语，后一句亦同。

3　佩皮尼昂（Perpignan）：法国南部城市，朗格多克 - 鲁西永大区东比利牛斯省省会。

眈间睁开眼睛，也能看到老人苍白的脸透着警觉，看到那双专注的黑眸。两个女的时不时瞟瞟二人，窃窃私语着，似在同情那熟睡的孩子。

破晓时分，列车驶近西班牙边界，想起莫里斯·达根在《旅行日记》中所展现的敏锐观察力，我便心甘情愿放弃了对这趟旅程的描述。对我而言，这片土地是属于他的。我记得达根笔下的火车、大海、天空、土地以及边境警卫。眼前的大地风貌是他的，边境警卫也是他的，虽然偶尔露出洛尔迦与劳伦斯·达雷尔的痕迹。警卫们走过来，钢枪闪闪，皮带扣、皮靴锃亮，引领着旅客进入海关大厅，在那里，经验又成为我的专有。

我再三审视未被认领的行李：没有熟悉的绿色背包，也没有两只系着新西兰皮绑带的旧皮箱。

"我行李呢?"我抓狂地嚷道，没有特意冲着谁，"明明是从巴黎托运的啊。"

我跑到一位官员面前。

"我的行李呢?"

他耸耸肩。

"Consignés [1]。"

勉强用几个词儿沟通后，我才意识到，自己将行李存放在了巴黎站的寄存处，手头那张小票是领取凭条。

饱含泪水的乌云席卷而至，但泪雨并未倾泻而下。我大口地喘着气。

. . . .

1 如上所言，作者误以为是托运处，实际上是寄存处。

接着，尽管越发恐惧，越发感到孤立无援的痛苦，一种巨大的喜悦攫住了我：可以不管行李，轻装旅行了。看着其他旅客拖着行李，艰难地爬上高高的西班牙列车，我益发感到自由。彻底轻松了，若是插上翅膀，我便能飞到伊维萨，飞到巴塞罗那。

弗兰克·萨吉森已去信，告知作家朋友格雷维尔·特西多尔，说我会来巴塞罗那。格雷维尔的女儿克里斯蒂娜及其画家丈夫佩特森来接站，然后带我去罗马广场吃午饭。那是个古老的广场，四边植有灰头土脸的尤加利树，抑或是橄榄树？周围的建筑呈土色，宛如深深扎根于红土的山丘。阳光如尘埃，洒落在万物之上，广场为静谧所包围，仿佛通向其他时代的秘径。行李莫名其妙被困，让我了无牵挂。摆脱了羁绊，一夜未睡的我感官变得敏锐。我并未意识到巴塞罗那的嘈杂之声与隆隆车流，感到的唯有背景中充盈的静谧，它拥抱着我，如回家的感觉，仿佛终于找到了自己的位置，仿佛此前自己像件家具，给反复挪移摆放，从未在世上任何角落找到最佳位置。我尚不知道，这是否是旅人的共同体验，因为一瞬间，与故土的牵绊和纽带均遭到断绝，人被迫对异域的陌生与差异做出反应。

饭后我去拜访格雷维尔，在位于内城的公寓里，见到了他们夫妇和十二岁的小女儿。我微笑着坐下，头脑空空，扭捏拘谨。此外还遇到了科林，据介绍是位英国诗人，将与我同船前往伊维萨，他友好地提出，一定帮我找个住处。

"一个可住几晚的房间。"他说，"一个房间。"[1]

"一个房间。"我紧张地重复道，意识到自己根本不会西班牙语。

当晚登上渡轮时，我与科林匆匆见了一面。那船似乎不够结实，像只小划艇。西班牙夜色黯沉，景物冥晦难辨，平静的海漆黑如墨，微波涌动，闪显出亮白，好似开满紫菀与野胡萝卜花的花坛。我赶去卧铺等待开船，整夜大半沉睡，直至黎明时分。

七　伊格纳西奥·里克尔街

醒来时，渡轮已驶入伊维萨港，准备抛锚。科林正等着船员架设下船踏板。有几个等不及的乘客已纵身上岸。

二十分钟后，只见科林一边发动小摩托，一边冲我喊道："来坐到后面。我带你去家挺熟的小旅馆。"

我壮起胆子爬上后座，紧紧搂住科林的腰，因为从未坐过小摩托，心里忐忑不安。摩托轰鸣着上坡下坡，飞驰在圆石路上，最后停在一家小膳食公寓前。

"到了，就这儿。"他说，"你可以在这儿住几晚，肯定有空房间。"

他领我到前台，用流利的西班牙语说明情况，得到答复后回头转向我。

· · · · · · · · ·

1　此处和下一句都是西班牙语。

"两晚行吗?"

"行啊。"我说。

履行完职责,他转身去启动摩托,沿街绝尘而去。我注视着他离开,虚荣心受了伤害,颇有失落之感。他至少应该说再见,或者说认识我很高兴,祝我写作顺利什么的。也罢,毕竟人家懂西语,而且别人介绍他时甚为尊重,因为他是诗人。而我呢?不过是朋友的朋友的朋友。

房间里弥漫着伊维萨的味道,我站在中间呼吸着,虽然这味道尚且陌生。我感到筋疲力尽,担心找不找得到可长居的住处,因自己不是诗人而自卑。不过,下一秒我便抛开这些情绪,热切地期待在异国他乡开始新生活。

首先,我需要一本词汇书,不是那种写给有钱游客的,那里面尽是关于购物、滑雪、摄影、积累阅历的表达,这样的旅人很可能像伞兵直直栽向破产,为一套新西装量体裁衣,被雷电击中,同时在火车站颅骨骨折。

摆脱了行李的牵绊,我兴高采烈地去找书店,买了份绵纸般薄的《每日电讯》、几份西语及巴黎报纸、一本题为《跟我学西班牙语》的英语与加泰罗尼亚语对照手册,后者我立刻用上,购买了面包、黄油、奶酪,另有一只苹果和一根香蕉。我还买了一个巧克力蛋糕,比其他食物加起来都贵。可是蛋糕里有些小动物,藏在小巢穴里摇晃着小脑袋。

夜里我发现,房内唯一的小顶灯昏暗不明,家具轮廓难以辨清。望向下方的街道,只见店铺里烛光摇曳,而灯光却同样晦暗。于是我便睡了。醒来时,满心期待在伊维萨的首个"纯净"清晨。我决定步行外出寻找住处。

我朝山上的老城走去。先是沿着狭窄的圆石小街，走向罗马城墙的遗迹。地下通道入口处竖立着罗马战士雕像，沿通道上行，便能抵达上方的老城。小心翼翼地避开各个角落里的人、狗粪便，我来到山上，沐浴在日光之中，俯瞰港口及港口对面的建筑，下方无潮的海面完美映出它们的倒影。爬到山顶就看到了岛屿的另一侧，田野与橄榄园的尽头，是澄明的地中海。我斜倚着一块灰色的岩石，巨大的它就如古代的橄榄叶层层积累而成。与我分享孤寂的，唯有一群野山羊，以及远远从渔船上传来的声音。灰色叶子的橄榄树扭曲着枝干，冲海风的方向摆出抵御的姿态，树下的红土上散落着灰白的石头，如经年不化的旧雪，这一切唤起了我心底的温柔，仿佛这片土地是我的，早已为我熟知。这自然是雪莱笔下的世界，我在诗歌中与其相识；此刻，首先涌进脑海的是雪莱诗句，让我肆意地与《西风颂》欢乐重聚：

> 你，哦，是你把蓝色的地中海
> 从梦中唤醒，他在一整个夏天
> 都酣睡在贝伊湾一座浮石岛外。
> 被澄澈的流水喧哗声催送入眠，
> 梦见了古代的楼台、塔堡和宫闱，
> 在强烈汹涌的波光里不住地抖颤。[1]

. . . .

1　此段出自英国诗人雪莱的《西风颂》，译文引自江枫：《雪莱抒情诗全集》，长沙：湖南文艺出版社，1996年，第187页。

虽然此时依旧借用他的诗句，但从此之后，我将清理空间，为"自己"的思想留出位置。然而充满诱惑的，是坐着回忆与诗歌冰雪般干净的初遇，它像无尽时间中的第一个春天。一向以来，我最感自在的是身处户外，头顶蓝天，在山巅俯瞰大海，所以，这一刻心中溢满幸福。照理说，我会像从前那样一坐几小时，可突然想起此次出来漫步，是为了寻找住处。

沿着弓形山脊上的窄径漫步前行，这里遭风暴的蹂躏更甚，植物均折腰弓背，显然曾于罡风的冲击下痛苦挣扎，而根只能将将嵌在雪灰色岩石的缝隙间。

我瞅见两个包黑头巾、穿黑鞋黑长袜的人，正弯腰捡拾柴火，放入大编筐内，心中再次涌起似曾相识之感，应该是在描绘农人辛劳的画作中，或是维克多·雨果、皮埃尔·洛蒂及都德的笔下，抑或作为神迹发生时漫不经心的看客。两个妇人装点了风景，而这风景好似室内布置，已经定格，装饰到位，主人已入住，未来没有变更的打算。

查了那本新买的手册，我轻声问候道："早上好。"

"早上好。"[1]

我略微犹疑地说："我是新西兰来的珍妮特·弗雷姆，在找住处。"我双手合十贴到面颊上。

两个女人兴奋地交谈起来，然后齐齐转向我。

"我们东家。"她们说，"我们东家。"

我慢慢弄懂了，她们俩叫卡塔琳娜和弗朗西斯卡，

. . . .

1 此两处"早上好"均为西班牙语。下面的对话也是西班牙语。

而我在她们嘴里则是"珍妮塔",她们会带我去见东家,那位先生会租房子给我。为了打消她们的怀疑,我解释说自己并非游客。"不是游客,"我不容置疑地说,"是作家。"

卡塔琳娜轻拉着我的手臂领我下山,沿着圆石小道去伊格纳西奥·里克尔街。她们说那栋房子就在她们家隔壁。东家是博物馆的头儿,那栋房子是他弟弟费尔明在管,也许我能住那儿。来到伊格纳西奥·里克尔街六号,二人费力地推开未锁的大门。厨房木桌上卧着一只猫,显然是饿坏了,爪子冲我们猛挥一下,随即灰影一闪便消失无踪。

"这些个猫。"弗朗西斯卡怒道,说如果不关门,这些野猫便会溜进来攻击人。卡塔琳娜让我等一下,她们去请东家。

五分钟不到,二人便引着东家的弟弟费尔明回来了。这人身量不高,约莫四十来岁,听说我要租房子,显得很开心,说了一个租金数目,跟在新西兰时弗兰克几个来过伊维萨的朋友说的差不多。他领我看了卧室、露台那头的厕所以及厨房,不过没有浴室。我说回旅馆拿了购物袋就过来。我知道自己租下的是整栋房子。不久我便提着购物袋,挎着旅乐包回来了,费尔明正在起居室里对着下面的露台拉小提琴,见我进屋便停了下来,看到我没什么行李,便一脸惊讶的表情。我赶忙翻开语言手册。

"没什么行李。"我说,"留在巴黎了。"

最后费了很大劲才跟他说清楚,行李给寄存在巴黎火车站了，我会请他们运过来，一切顺利的话，两周左右应该能到。我说自己是作家，打字机就在那批行李里。我是从 Nueva Zelanda（新西兰）来的，那个以绵羊、羊毛和黄油闻名的国度……我努力让他感觉到，新西兰人不同于其他人，我们干净、纯粹，毫无偏见，对他者充满善意。而且新西兰风光秀丽，是上帝自己的国度。

费尔明听明白了，他皱皱眉说，伊维萨也是上帝自己的国度。

我知道这样夸耀新西兰显然缺乏理智，不顾他人感受，可我早已习惯了这番褒扬之辞，因为老师一向不容置疑地教导我们，绵羊、羊毛和黄油就意味着生存，或者更确切地说，无法出口绵羊、羊毛和黄油就意味着死亡：出口或死亡。

费尔明很同情我的遭遇，此后每早都跑去码头打听行李，把它当成了义务。他说晚上要在夜总会演出，所以每天会来这栋房子练琴。这家其他人也会来，两个女佣卡塔琳娜和弗朗西斯卡住隔壁，但一般会用这儿的厨房自己做饭吃。

我寻思，即便人们来来往往，至少我是唯一的住客。

卧室宽敞通风，从敞阔的窗户望出去，可以俯瞰港口与远处的海岸线，那里的一片建筑仿佛属于另一个城市，属于另一片海，或者说那是明澈海面上映出的镜像城市。我摆好桌椅准备写作，想到在奥克兰已动笔的《派雷滋叔叔》以及打算好接下来写的一本书，我多少有些激动。不过要紧的是联系美国运通，随信附上那张寄存票，请他们帮我取出行李运过来。然后要去买些衣服。

我写好信寄往巴黎，然后跑去商店，买了内衣、长袜、裙子、长袖衫和睡衣，再就是笔墨纸张。我提着大包小包回到家，一边纳闷为何到后来有的店子拒收我的钱。费尔明仔细看看我手里一叠软塌塌的比塞塔[1]，说有人找给了我 1935 年前的"旧币"，早就不是法定货币了。

"你给人坑了，这些就是废纸，一文不值。"他说。

我再次坐到桌前，写了几首诗同几封信。旅人初到异国时寄出的信，字里行间往往透着惊喜，因为一切都似乎熠熠闪亮。令我惊叹的是光，是天空，是橄榄树的颜色，是建筑物的色彩。那些建筑宛如古老的石质书页，因历史的翻阅而磨损，毫无新西兰建筑的浮躁之气，也没有地震或火山喷发即将带来灭顶之灾的恐惧。它们如大地这诵经台上打开的书，或许百年才翻动一次，之所以泰然自若，是因为它们古老，也因为它们开放。而最令我惊叹的，是潮水微澜的大海那宽阔的胸怀，将整个岸边竖立的世界纳入其幽深之处，创造一个镜像之城，每天映入我的眼帘。

没有打字机就像缺了四肢，所以听说行李已发来伊维萨，真是感到振奋。那天我路过一家咖啡馆，碰巧瞥见了英国诗人科林，他正同朋友在人行道上围桌而坐。直到看见他，我才意识到自己这些天如何悲惨而孤独，没有打字机，没有行李，只有几百块毫无价值的比塞塔。

· · · · · · · · ·

1 比塞塔是西班牙及安道尔在 2002 年欧元流通前所使用的法定货币。

我有些不自然，不过刻意加以掩饰，经过他桌边时望向他。"哦，"我故作惊讶地说，"你好啊，又见面了。"随后我一阵激动，声音大得没控制好，"我的行李就要到了！而且还找到了住处！"

他几个朋友停下吃喝，愣愣地瞅着我。科林似乎一下子没认出我，随后冷冷地回答说"哦，你好"，那样子仿佛巴不得我快走开。

他就那么盯着我，对我的好消息无动于衷。

也许我夸大了他的冷漠，但却不曾忘却。我感到周身寒意盘旋，真希望什么都没说。他与朋友悠闲自得，围坐于街边桌子喝咖啡，正如老于世故的聪明人莫里斯·达根曾描绘的，"这就是欧陆人的风格"，而这话是弗兰克聊天时讲给我听的。

我疾步离开英国诗人科林和他的朋友，遭此番冷遇后，我再没主动与岛上的英国人交往。因此，我只讲法语和西班牙语。卡特琳娜负责训练我，她来自阿尔及利亚，因此会说法语；弗朗西斯卡和费尔明也时不时教我，还有东家二十岁的儿子何塞。他正在读法律，每周会来厨房里的锡盆洗澡，洗完后便来我房间想办法教我西语。

费尔明每早练完琴后，便会教我几个词和词组，有时也会聊聊自己的往事。有天他掏出钥匙，打开一个对开门的大柜，里面亮着灯，架子上供奉着几尊耶稣受难像，柜门内侧钉着一张年轻英俊的佛朗哥将军像。

"是他让我们免遭共产党的祸害。"他说，"这是他年轻时的照片，当时我也很年轻。"

他耸耸肩，一脸羞愧。

"如今世道变了。那已经是陈年往事。这是没药[1]味儿。"

他引我走到窗边，同卧室的窗一样，望出去，远处是城市和大海，近处是连接罗马通道与山上教堂的那条街。他手指街边的石墙说：

"那里就是苦路十四站[2]，"他说，"埃尔考迪略[3]让共产党一排排靠墙站好，然后开枪射杀。我看得真真切切。可我那时还很年轻。如今不同了。埃尔考迪略……"

费尔明耸耸肩，转身回到大柜边。我以为他会朝那张像啐口吐沫。他没有，而是将它一把扯下来，皱巴巴地塞进了柜子的最下层，然后关上门锁好。

"里面的雕像是我自己刻的。"他说，"我也是艺术家。可世道已经变了。"

日子一天天过去。我忙着写诗，写信，写短篇小说，同时跟自己讲，等行李一到，就有打字机可以写书了。费尔明每天上午都去码头打听，回来同我讲有无行李的消息。我的行李加上他锁在大柜里的年轻时的梦成为我们之间的纽带。有天，他拿来个小盒子，里面紧紧塞着些小小的宗教图片。

"这是另一个宝藏。"他说，"你喜欢哪个圣徒，珍妮特？"

我犹豫了一下。

"哦，圣弗朗西斯。"

. . . .

1　一种药材，为橄榄科植物地丁树的干燥树脂。

2　耶稣从被判刑至被安葬，一共经过了十四地点。此处为一地点名。

3　佛朗哥的昵称。

他找出圣弗朗西斯像递给我。

"这些也是好久之前的了。"他说。

所以呢，我在回忆中窥见了什么？回忆不等于历史。时间的流逝不似暂停的舞者手中飘动的丝带。直至过去已远离昨日，记忆才幻化为一个个场景，一系列存留的时刻，随机播放出来。我清晰地记得，谈起对共产党人曾有的刻骨仇恨时费尔明脸上的表情。给我指点苦路十四站那处刑场时，他所指的不是可能持有恐怖意识形态且与己无关的敌人，而是邻人、朋友甚至亲戚。他曾经那般赞成杀戮，因为命令来自敬爱的考迪略。如今回想起来，他深感震惊，悲戚难平，拿不准那场屠杀是否必须。

即便借助小提琴，他甚至都无法倾诉心中的疑惑。或许他心知肚明，家人对他演奏小提琴持嘲弄的态度，或许碰巧听到时宽容大度地一笑置之。我礼貌地笑笑，喃喃地说了一句话，也许是"不错，不错"。

费尔明盯着窗外的苦路十四站，脸上充满痛苦和惶惑，那画面至今历历在目。

八　散发肥皂清新的人们

等待行李和打字机的那段时间，我摸索着了解伊维萨的生活，了解东家一家人。

出于对诗歌的迷恋，我买了本《千首西班牙语名诗：1154—1954》。我把书拿给何塞看，并且问他："伊维萨的诗人都在哪儿？伊维萨有诗人吗？"

何塞说伊维萨南边有座松林茂密的小岛，名唤福门托，那儿出过一位诗人，叫米克尔·科斯塔·略韦拉[1]。于是我在书中搜寻，找到了略韦拉的《福门托松树颂》，何塞大声朗读出来，我也渐渐将之牢记于心。描写伊维萨的诗里，此首乃是我的"首选"，甚至比书中洛尔迦的几首更得我青睐，常令我魂牵梦萦。透过略韦拉的笔触，我看到了一个既古老又年轻的伊维萨，既有摩尔人和罗马人的遗迹，也有童年蔚蓝天空下的美好时光：

> 我的土地上有一棵令人崇敬的树，
> 它有雪松的枝条，有青草的翠绿，
> 永恒的春天在枝叶间筑巢……

以及：

> 恋爱中的花朵没有透过枝条显现，
> 小喷泉没有去亲吻她的枝干，
> 但她神圣的额头却沐浴在芬芳中，
> 她的土地是悬崖峭壁的海岸，
> 深海是她的泉源。[2]

我费劲地在新买的字典里查字寻词，才将《松树》以诗性的语言译出。略韦拉是一位"安全"的诗人，他是爱

· · · · · · · ·

1　米克尔·科斯塔·略韦拉（Miquel Costa Llobera，1854—1922）：西班牙加泰罗尼亚杰出诗人。
2　这两段诗均为西班牙语。略韦拉的这首诗先以加泰罗尼亚语创作，后本人将之译成西班牙语，但两个版本内容不尽相同。

国者而非叛逆者。见我选了位描写松树的诗人来翻译，费尔明与何塞均表示赞成。这首诗让我忆起二十年前的某些时光，此前我从未将之诉诸笔墨，某种意义上，这首诗难道不是带我重温童年吗？

> 一段回忆，一个忘却了的日子，
> 充满春天的明媚阳光，
> 对我倾诉的是轻摇的树枝，
> 松林在我耳边低声吟唱。

游历陌生国度时，旅人会获得罕有的机会，要么重温昔日时光，要么探究历史岁月，因为：

> 散发肥皂清新的人们来来去去，
> 冲刷朝永恒而去的时间
> 那业已板结的流动……

何塞的母亲同姐姐很少光顾这栋房子，她们的生活是遮蔽起来的。虽然我只身一人，尚未成婚，但我毕竟是个外国人，而人人都知道，外国女人的作风与西班牙女人殊为不同。不过，大家还是接受了我，因为我既非游客，也非美国人，而是一位用功甚勤的作家，没有什么外国朋友，一个人漂泊无依，行李和打字机都差点儿弄丢：我的霉运竟然成全了我。因此，卡塔琳娜和弗朗西斯卡担起了照顾我的责任，每早渔船满载渔获回港时，二人便教我如何挑选，要什么样的鱼，该付多少钱。那种类似沙丁鱼的小银鱼一比塞塔五条。后来，二人教我如何烹制伊维萨菜肴时，我才既震惊又尴尬地意识到，初来时竟然买了那么多次黄油与巧克力。刚住进来时，有天买了黄油回来，弗朗西斯卡正在烹茶，见我篮子里有黄油，便死盯着看，害得我郁闷难过。

"是黄油啊！"她惊叹道。

只有有钱人才买黄油呢。

我还买了一块牛排。

"还有肉！哦，珍妮塔！"

我将黄油和肉分了些给她。卡塔琳娜过来喝茶时，我听见她们热烈地谈论，说珍妮塔居然买了肉和黄油！

渐渐接受了伊维萨的饮食习惯后，人们不再对我的食物大惊小怪。就连生火的燃料，我同她们买的都一模一样。在新西兰，一想到燃料，脑海中便会浮现出满载煤炭和木材的卡车；在这儿，我得提着长柄编筐，同穿黑衣包头巾的女人排队，才能买到一小篮焦炭或三两块小木头。即便这样，见我提着篮子满载而归，弗朗西斯卡依旧两眼放光，仿佛我天生便给赐予了永久的富足。即便我存货不多，她那一瞥也令我羞愧，让我想到小巷里饥肠辘辘的猫，它们瞅机会便溜进门，而且一大早便尾随垃圾工那辆满载垃圾筐的驴车，沿着窄街一路跟到山顶，再锲而不舍地跟去岛的另一端。

我首次体验赤贫者的情感，首次意识到，我有旅费，够几个月开销，可以回到电力充足的新西兰，那里的人们住着大房子，周围是果园、菜园和花园；尽管总说"没钱"[1]，可我确乎来自殷实的国度。我不算有钱的

. . . .

1　此句为西语。

游客，能够住酒店、喝红酒、吃餐厅、买衣服，但我的祖国充满机会，拥有充满人情味的法律制度，保证人人有吃有住，人人健康不生病。离开新西兰之前，弗兰克·萨吉森曾对我说："你会遇到穷人和乞丐，别多想，否则你会疯的。你得忘记他们，因为你无能为力。"

我又能做些什么，以改善弗朗西斯卡和卡塔琳娜这类人的生活？每天买黄油和肉分给她们吗？真受不了她们，眼睛在我身上搜来扫去，好像我外服下面偷戴着珠宝。尤其是弗朗西斯卡，那双黑眼睛透着的警觉，在其他人那儿我从未见过。瞅着买不起的食物与商品，她眼中满是饥渴，然而却极少透出不满；不过，有一天，还是流露了出来。那天，我踩着租来的自行车，沿橄榄树林旁尘土飞扬的乡道骑行，遇到了她们二人。显然，她们已经走了好几英里，沿途捡拾探出橄榄园的树枝上掉落的果实。除了她们还有其他人，一家家从城里来，提着筐子拾橄榄。弗朗西斯卡和卡塔琳娜解释说得靠这个机会弄些储备；听卡塔琳娜幽怨地说东家在乡下有个农庄，我便问东家给不给她蔬菜、水果和鸡蛋，她答道："哦，才不呢，得自个儿到市场上买。农庄产的只给东家一家人，不过，捡捡路上落的橄榄果，向来还是允许的。"我瞟了一眼篮子，里面尽是些又小又硬表面坑坑洼洼的果子，心里便立刻编出一句谚语来：落在土路边的橄榄给人当宝贝，味道最甘美。你知道的，无论什么糟心事儿，谚语总能说得人开心。语言又一次帮我摆脱了窘境。

想象中，巴利阿里群岛既然是西班牙的群岛，自然总是阳光明媚，夏日永恒喽，因此绝少想到冬装。然而，虽然天空依旧湛蓝，阳光同样灿烂，天气却一天冷似一天。不过我不怕，有那件浅褐色夹克呢，不但宽松，而且还有大口袋和兜帽。我先给弗朗西斯卡和卡塔琳娜打了预防针，说穿便裤并不等于说我就是女魔鬼（她们管穿黑色便裤的外国女人叫 diablas[1]），然后便穿上在新西兰时别人送的灰色便裤，以及乔伊和埃尔茜姨妈出资购买的棕色大衣。

圣诞将近时，行李终于经海路抵达。费尔明报告了这个好消息，众人万分激动。卡车载来两只皮箱和绿色帆布背包，费尔明连提带背直接送进客厅，卡塔琳娜、弗朗西斯卡与刚洗完澡的何塞奔过来盯着瞧，指望我当即打开。想到除打字机外，里面的东西如今都派不上什么用场，我便有些尴尬，仿佛遇到不愿再交的朋友，因为友谊早已淡漠。他们肯定会很失望，三个月好奇的等待与询问，如今却等来两只破箱子，箱子角都给撞瘪了，一个箱盖扭到一边，就像古老童话里的物件，辗转好几百英里，再漂洋过海，好不容易熬到这里。我觉得要对这家人有所补偿。

过后我独自在卧室打开箱子，嫌恶地瞅着当初塞进去的物什。然而，当看到书籍、小炉子、女童子军厨用刀具、军用茶壶和平底锅时，对这漂泊流浪的行李还是心生暖意。哦，那不是我的蓝色筒裙吗？是买来针织丝绸自己缝制的，那料子在新西兰相当流行，不过在这个

. . . .

1　西班牙语，意为"恶魔"。

人人穿黑衣的岛上，颜色似乎过于鲜亮。

我不好剥夺卡塔琳娜与弗朗西斯卡"猎奇"的机会，便邀二人进屋一观。我给她们看了打字机，还有一条绿色丝绒裙，是妹妹用窗帘改的。

二人大笑起来。

"珍妮塔的窗帘，哦，珍妮塔的窗帘。"

我取出小毯子和热水袋，它们能派上大用场，因为除灶火外，整栋房子无其他取暖设备。如今，宽阔的大理石地面始终冰冷，夜里寒气逼人。终于拿到了打字机，真的可以开始工作了，而不是写写诗、短篇和书信。然而我意识到，对行李我投入了太多期待，多到它们无法承受；我在实施最古老的自我欺骗，借期待未来以抚慰当下：起码我周围的都是好人。

九　松　林

接下来的日子里，我裹着小毯子，怀抱热水袋，用打字机写作小说《派雷滋叔叔》。望向窗外，孩子们在尤加利树下玩跳房子，用树枝在白色尘土上画格子。我听他们唱道：

> 我有，我有，我有，
> 你什么都没有，
> 我有黄油。

而他们的姐姐则坐在门口，垫子摊在膝头，忙着摆弄花边线轴，双手飞快地扯过一根轴线，压在另一根轴线上。这令我想起在精神病院时编法式蕾丝，读着法语说明书，心中渐渐涌起一种感觉：虽然给剥夺了看书、写作与正常交谈的权利，新的生活却通过《蕾丝编织手册》中的指引如"在第二点植针""翻转三次"等向我敞开。语言即便曾背叛你、改变你、影响你，却仍旧能与孤寂者为友，即便人人都缩回援手，它依然会慨然相助。

房子上空风雷滚滚。虽身处室内，闪电裂空却好似划过心头。阵阵狂风悲号着、哭喊着、啸叫着，发出我从未体验的强音，就像是古代神祇，诞生于雷电风暴之中，在窗玻璃上暴走抓挠，仿佛要破窗而入，又好像吹动玻璃，好似奏响乐器。我常于风暴肆虐之时步出户外，沿街走向岛的另一边，坐到树下，与遭风暴蹂躏的银灰色植物为伴，觉得在家时从未生出这许多感触。我内心充满喜悦：独居于地中海小岛上，无须说英语，说英语绝不会像说西语那般受人待见，即使我挣扎着表达所想，周围的人也会表达善意，因我使用他们的语言而感到骄傲，给予我热心的解释、提议、帮助及指点，而同讲英语的人交谈时，因为要努力达到听者的期望，所以你是孤独的。

每天坐在桌前打字时，我都会望向海中倒映的城市。有一天，我沿路绕过海港去对面的海岸，想一睹那座海中城市的真容，可却觉得走入了镜子背面。我知道，光、城市、大海无论怎样呈现，真正的镜之城是想象之城，只存在于内心。

对于岛屿与大海我浮想联翩，于是作诗一首：

可怜那遭大海疏远放逐的内陆，
在那里，渴望镜子的人们在眼睛深处
捕捉山间平地或山谷，
看它们随白雪般的云团阴晴变换，
却从不完全脱离朦胧而沉重的大地，
大地沉在阴影中，停下来啜饮着白昼的光。

岛屿却是小小的，形状永恒变化，
每种变化仅能目睹一次，回头望去，
它像鸟儿飞翔，像兔子蹲踞，撞击着大海；
每天，镜中都有更为陌生的身影，
比几个世纪以来破碎的阴影，比一只巨鸟
静止的翅膀或被抛弃的一整片叶子
更彻底地闪耀，更彻底地朦胧；
飘落那片叶子的树，其完整形态与对
不可见的天空的追寻被闪耀地举起，
超越了宁静的内海中与水的契合，
即便那天内海风平浪静。

岛屿小小的，它专横地霸有一切，
害怕在镜中遇见太多的自我。

我做梦都想成为诗人！我对自己说，现在你完全自由，
过着作家的生活。我感到心绪平静，仿佛身处远离尘
世的海岸，世上伟大画作中的图景在眼前创造出来，
伊维萨人的一举一动仿佛受到画家的指引，房舍、植
物、白昼与夜晚的天空都各自涂上画家选择的颜色。

午后散步或骑车时，岛屿的轮廓清晰地展开在眼前，令我大为赞叹。我给弗兰克·萨吉森的信字里行间洋溢着狂喜，告诉他伊维萨名副其实，是梦想中的乐园。我感到它充盈在身体之中。每次去海滩、盐山探胜，骑车经过表层为黏土的田野，看到皲裂的地方露出红色土脉；到了陶器作坊，我撂下单车，步行进入岛屿林木繁茂的腹地，来到一片青翠的松林。卡塔琳娜和弗朗斯西卡曾告诫我，说那儿是土匪与野人出没的地方，我虽不信，后来却发现此言不虚，伊维萨同西西里一样都有匪人啸聚。

有时在城里转悠，会看到、听到外国人欢笑聊天，便很想冲他们大喊："往这边瞧啊，我也说英语。我是新西兰人，打老远从新西兰来。"但我没喊，而是高傲地走过，仿佛对这世界无所不知。

我无法相信伊维萨竟会如此太平。夜晚供电减少，店铺燃起蜡烛，我在城里幽暗的街道上漫步，心中毫无恐惧。我曾讨要前门的钥匙，费尔明、卡塔琳娜和弗朗斯西卡都吃惊地瞅着我，说只有外国人才会锁门，他们钱太多，又惜财如命怕人偷抢，所以要紧闭门户。于是我的前门一直未锁。

圣诞节时，帕特里克·赖利从伦敦来信，还寄来了包裹，里面是牛肉及爱尔兰炖菜罐头。他信里说希望我依旧无牵无挂。

圣诞节时，多日来持续的一种声音也停歇了。那叫声小而尖厉像是一连串欢呼，"好啊，好啊，好啊"，宛如合唱，让我甚感迷惑。原以为那是岛上的狗吠。那些狗像近乎透明的肉色暗影，不时在街道上窜行。后来才了解到，那叫声是房子下方小院子里的火鸡发出的，如今那儿已寂然无声。我写道：

> 圣诞节与死亡是饥饿的时期，
> 其间只有愚蠢的人和垂死者，
> 对着这里遭限制的视野
> 学习完整的赞美，说
> 为无形者喝彩。
>
> 谁知道小院子里对什么
> 火鸡给予粗暴的赞美？
> 或者病人在他逐渐缩小的世界里
> 将什么摊在白色的盘子上？

随酷寒而至的是种新的声音，那是教堂钟声几乎不绝的鸣响。我望向窗外，只见好几条送葬的队列各自扛着小小的白色棺椁。每日钟声响起时，卡塔琳娜和弗朗斯西卡都会叹口气喃喃道："唉，小孩子，小孩子。"

那个冬天有不少小孩夭折；似乎这再寻常不过。通往小岛腹地的路边，翠柏环绕的墓地里多了一排新坟。

有次我外出骑车，停在一小片沙滩上休息。沙滩边是一线松树，我躺在树下，听风吹松枝沙沙作响，阳光如蓝绿色雪片落在周围与身上，透过枝叶可见大海粼粼的波光。这景象颇为寻常，但此前光顾小岛腹地的松林时，它抚动了我童年伸出的触角，因为童年自有其触角，它源于受孕的那一刻，源于死者与新生者的生命；

感觉到神经末梢的悸动，感觉到它源于往昔的松林、天空、水与阳光，我便用此景象替代往昔，熟练地重叠往昔与今日相似的记忆。从那时起，直到未来，这番景象唤起的记忆便浓缩了对往昔的情感。这会儿，在阳光与蓝天下，凝听着海边松林之声，感觉到了那根纽带，体会到存在、热爱、丧失和疑惑带来的充盈之感，重温童年那不断令我眩晕惶惑的问题"怎会有这个世界？"再历令我颤抖的昨日，而唤起这一切的，是对伊维萨松林的记忆。

圣诞节往往阻碍向前看的目光，如今它过去了，我开始揪心地思考"未来"。等资助用光了，回新西兰是可以接受的，然而远离祖国让我舒适，返乡非我所愿。况且，弗兰克·萨吉森与我探讨过，认为应该咨询伦敦的精神病专家，看新西兰医生的精神分裂症诊断是否正确。我知道自己没病，可无论说什么，人们几乎都投来怀疑的目光。短篇小说集《礁湖》出版后，现居美国的约翰·福里斯特，那位遥远学生时代的朋友，偶尔会写信来。十一年来我们未谋一面，他不清楚我的实情，也未意识到，为了达到他的期望，也就是变成"雨果·沃尔夫和梵高的同类"，我是如何决绝。可即便如此，他也不大会怀疑诊断是否正确。给他的回信中我故作随意洒脱，扮演从前那个看似"聪明""异类"的角色，一个耽于幻想并且制造幻想的人。每当他的"群发"信件如期而至，我都因自己越发成熟而会心微笑。每次提到他，"我在美国的医生朋友"，我都有一丝轻蔑。之所以重提他，是因为最近他来信说，若我愿意的话，会安排我去伦敦著名

的莫兹利医院 [1] 看医生。

十　美国人 [2]

听人说，巴利阿里群岛的春天来得很早。可即便如此，才刚一月初，怒放的鲜花便拥抱了整座岛屿，这簇新的纽带洋溢着甜美，迫使黑暗纠结的痛苦卷起，被快乐所包围。

豆花黑白相间开遍原野，果园一派粉红雪白，某些花朵独有的色彩画笔都无法再现。春风和暖，空气中飘满野花、杏花、鳄梨花和豆花的芬芳。我知道，创作小说的间歇会写几首诗，如今面对眼前的盛景，对写诗我不再有负疚感。有时想起三个月没说英语，心里有种异样的感觉，虽然我知道，我的英语塞在嘴里的某个角落，钥匙就插在锁孔里，但并未意识到经久未用的钥匙、锁和语言已经锈住。有天下午，外出散步回家，正碰到弗朗西斯卡激动地反复叫着"美国人，美国人!"我迷惑地听着，直到看见个棕发的高大青年从楼梯上下来走进客厅。

见到我他同样吃了一惊。

"嗨，你好，"他寒暄道，"我叫埃德温·马瑟，是

· · · · · · · ·

1　莫兹利（Maudsley）医院是伦敦南部一家精神病医院，是英国最大的心理健康机构。
2　此处为西语 El Americano。

76

个画家，租了楼上的房间。"

我在脑中搜寻英语词儿，居然搜寻英语词儿！

"啊，我住前屋，是作家。"我应道。

"应该是共用厨房和外面的盥洗室吧？"

美国人。弗朗西斯卡跟我说过要提防他们。她不是说之所以离开阿尔及利亚，就是因为美国佬跑来抢走了石油和香料吗？

我心中甚为不快，既感失望，又觉遭到背叛。此前一直以为，我租下的是整栋房子，不明白东家怎能将其他房间租出去。也许是我当初弄错了吧。我将伊格纳西奥·里克尔街六号当作我的家，虽要同东家一家、弗朗西斯卡及卡塔琳娜合用，但绝不该与一个"外国人"，一个说英语的美国画家分享！英语思维和词汇涌入脑海，就像涌入礼堂，准备扮演各自的角色。此时我心中充满敌意，感觉孤立无依，无人可与诉告；说伊格纳西奥·里克尔街六号一直是"我的地方"。

情绪渐渐缓和下来。至少埃德温·马瑟住楼上。然而，他将与我共享这栋房子，共用厨房、灶火、通向街道的前门、门厅、可通露台的客厅以及露台上的盥洗室。而且，我总会感觉到房内有人，多少会依他调整自己的节奏，从而影响写作。我感到，处理生活与写作的关系，就好似表演高难度杂技，无论光脚踩上去的是刀尖还是羽床，都需要浑身尽量放松，精神高度集中，一步步地去完成。在这样的生活中，他人会像闯入者般招人痛恨，只有在旅行或生病，注意力需要离开词语时，即便只是短暂一刻，这类人才能因提供愉悦的消遣而受到欢迎。

这是与埃德温的首次碰面，我们二人像是只得接受同一职位的候选者，或许他也以为房子是整栋租下的。我们彼此聊起来伊维萨的原因。他的资助是笔奖学金，钱是在安道尔支取的，因为那儿的货币市场很"自由"。对货币兑换我一无所知，便认真地听着。他建议我要换汇的话就去安道尔，他可以帮着安排。

"哦。"我满腹狐疑地应道。

他引我参观了楼上的画室，一个通风良好的大房间。墙是白石墙，头顶有天窗，一扇门通向屋顶，站在那里，整座城市尽收眼底：田野、大海、镜之城。突然间我感到很失望，我怎会如此缺乏探险精神，为何从未探索过楼上这层？每次经过客厅走回卧室，我都瞥一眼石头楼梯，仿佛那是禁地，却从未意识到，悬挂那"禁止通行"牌的正是我自己，是我剥夺了自己观看镜之城的良机。日复一日，我裹着小毯子，缩在房间的椅子里，面前的桌上摆着打字机；目光离开打字机时，只能越过海港凝视镜之城，可楼上竟能看到全景，这个发现宛如一场地震，动摇了我内心的平衡，脚下的大地似乎裂开，露出深渊，扭曲却扩展了我原本简单的视野。我见过马戴着眼罩，套着轭具围着水井汲水，一小时一小时地打转，它的眼睛木然地盯着前方，同我的简单视野颇为相似。井水本身就是纯净甘美的，这点毫无疑问，与受困于井边的马儿那枯燥的工作几无关系，但我却不敢确定，打字机上写出的文字，是否能像井水般清新闪耀。

突然间，我不得不改变日常规律，将埃德温考虑进来。早早起床生火后，要给他留出刮脸洗漱的水，等他起床时，我已经吃完早饭开始工作了。晚餐他通常跟朋友在咖啡馆吃，有时也在家煮他的法式洋葱汤，或者分享我如今的拿手菜"藏红花海鲜饭"。之所以提这个，只因为想到自己"吃番红花"便觉得开心。大部分时间埃德温都在画画，而我则在写作，有时二人会在厨房碰面，或许是凑巧，或许也是刻意。他或我会开口问："要不要生火？"

厨房架子上很快便摆满了高级食品，这让卡塔琳娜和弗朗西斯卡激动得发颤。第一次看到她们二人，埃德温随口问道："那两个老女人是谁啊？到处乱逛，什么都打听。"

我告诉了他。对她们，埃德温显然并不同情，而我自觉能够"理解"二人，便跳起来为之辩护，说不要忘了她们很穷，根本吃不起他买的食品，从琳琅满目的食品柜里拿些走也属正常。

"拿也就罢了，可她们一天到晚进进出出的。"

我跟他讲她们就住隔壁，没有灶火，只能来我们这儿做饭。我说二人只有一间卧房，外面的阳台上还养着些矮脚母鸡。"有时她们会拿个刚生的蛋给你。"

他还抱怨电灯泡，这点不无道理。画室虽有自然光从天窗射入，但他希望随时都能够作画，晚上还能读书（我通常要在桌上点三四根蜡烛）。埃德温跑遍城里，找到几只新灯泡，才安上便烧了整栋房子的保险丝，招来费尔明一通斥责。埃德温说他是个"拉提琴、管闲事儿的矮子。你听到他把琴拉得呕哑嘲哳的了吗？真没想到他会拿这里当琴房！"

我指了指客厅里那个锁着的柜子。

"他在那里供了几尊耶稣受难像。打开柜门，里面的灯就会亮。他这人感情挺细腻的。"

埃德温对弗朗西斯卡、卡塔琳娜和费尔明的看法让我心头沉甸甸的，因为对我来说他们就是新的家人，照料我，等我的行李，教我购物烹饪，三个月的签证到期后，是卡塔琳娜带我去警局，说我是她朋友，是新西兰来的作家，签证需要延期。我感到这美国人是个威胁，东家及其一家人需要保护。他与他的英语或美语就是入侵者。

有阵子，我觉得自己的完美世界崩塌了，根本无法适应，屋内另有"存在"令写作举步维艰。不过渐渐地，我与埃德温开始聊各自的创作。每天画完后，他会邀我到工作室，跟我讲一上午的成果，聊他的想法和一般的艺术话题，也谈他最爱的艺术家和自己的经历。我则投桃报李，虽对眼下的写作绝口不提，却借给他一本我的长篇《猫头鹰在哀叫》。这本书已经出版，最近才寄到邮局，我取邮件时看到就拿了回来。埃德温很喜欢《猫头鹰在哀叫》，说"这书应该在美国出版"。他认识个纽约人，在一家出版社做事，要不要他寄一本去？

我说："再说吧。"

除了专业话题与那句白天常说的"要不要生火？"外，我们的生活很少交集。一天下午散步回来，卡塔琳娜和弗朗西斯卡迎上来兴奋地说，来个女的看埃德温，今晚就住这儿……就住一间房……就睡一张床。那晚我见到了朵拉，一头乌发，娇小玲珑，是位美国中西部来的长笛手，在巴黎学习音乐。她穿着黑毛衣与黑裤子，很合本地习惯。我渴望如她那般看似充满秘密，能够激发男人的探究之心，可长久以来，我已堵死所有已知的进口与出口，或者说感觉自己像块没有性别的木头。我已经用层层保护性伪装将自己抹除。

那晚，埃德温和朵拉外出用餐，而孤独搅扰得我心神不宁，毫无写作的心情。我简单地煮了晚饭，在半明半暗中读了会儿书，做梦般望向我的镜之城，然后上床就寝。我听到他俩回来，说笑着上楼进了画室，突然间，一股冰寒的怒意袭上心头：我就是我，不是别人，本无娇小之躯，正如妹妹所言，腿粗壮如足球运动员，而在我眼中，腕骨活脱脱像根枕木。

十一　菲古雷蒂一家

第二天一早，我尚未起床，朵拉便已离开，要赶船或飞机去大陆或者北方。我和埃德温很晚才吃早饭，他随意地说起朵拉，仿佛在说一个普通朋友。卡塔琳娜和弗朗西斯卡喋喋不休地谈论她，说她是个恶魔，与那美国人厮混一晚，床单倒要她们来洗，太不要脸了！就是个女恶魔！她们转向我说："你跟她不一样，你不是女恶魔！这些美国佬！"

我知道自己向来就是这种角色，无论是上学前，还是后来在小学中学师院大学，我都是个"好人"，遵纪守规，远离邪恶，从未屈从于诱惑。以前此类夸赞虽令我略感惆怅，却大抵沾沾自喜，如今它让我厌倦，因为在三十二年人生的算式中，对我的自尊而言，此刻它做的不再是加法，而是减法。

接下来一段时间，我的日常多少回到正轨。可是一天晚上，正在房间打字时，却听见厨房里有男人说话，间或传来愉快的笑声。我以打热水为由，前去满足一下好奇心。埃德温来了位朋友，他介绍说叫伯纳德，今天是他三十四岁生日，二人正在庆祝。我道了声"你好"（实在说不出那个我认为可笑的"嗨"），同他们碰了杯桃红葡萄酒（伯纳德说是岛上最好的），然后说还要工作，就转身回了屋，离开时听见埃德温说："珍妮特刚出了本书。"

后来躺在床上，依然能听见他们的笑声，时间慢慢过去，笑语中渐有微醺之意。伯纳德的笑那般欢快，是我从未听过的。他的声音似乎拥有配套组件，与我内心参差的形状恰好吻合。舍此，无法解释他的笑为何如此令我欢悦。

翌日清晨，一个蓝、白、绿色的斑斓春早，我无意工作，而是心血来潮想做家务，准备照埃德温从《观察家》杂志上剪下的方子烹制果酱，略带血色的果肉在卡塔琳娜借给我的大平底锅里冒着泡，我俯身搅动夹杂丝丝血红的金黄色甜蜜汁液，正在这时门开了，伯纳德走了进来。

"嗨，"他打声招呼，"今早没法工作，想想不如出去走走。要不要一起去？"

我略感局促，问道："你做什么工作？"隐约记得埃德温说过，伯纳德在西班牙北部搞输油管道，同时帮着将弗洛伊德译成西语。

"在美国我是历史教授。在西班牙嘛，一直在搞输油管，直到骑马摔断了胳膊，不过正在好起来。实际上我是诗人，上岛之后已经写了好几首诗。"

他中等身材，一头金发，眼睛是灰色的，在我已陷入迷醉的耳中，他浑厚的嗓音宛如美妙的音乐和弦。他目光灼灼，可我觉得那双眼睛略显呆滞疯狂；我很天真，从未想到也许他在吸毒。我不时俯身向前，把果酱倒入准备好的六个罐子，他瞧着我，盯着衣服下的乳房看。他就那么眼睛一眨不眨地盯着，然后抬起头，明亮而疯狂的眼睛盯向我。

我们聊起各自的情况。

"我也没法工作。"我说，"这么大好的天气。"

"我们就沿海滩走走吧，可以经过菲古雷蒂家。"

"菲古雷蒂家？"

"是啊。你不知道吗？"

我说不知道，而他也没多做解释。在岛上余下的日子里，我也没发现菲古雷蒂家到底怎么回事，有什么意义。有时我觉得那是家海滩边的咖啡店，有时又认为它定是一个海湾，或者一片天空，因为在随后的几周里，伯纳德和几个我新结识的人总是说"菲古雷蒂家那儿天气很不错""就在菲古雷蒂家那边"，或者"我第一次去菲古雷蒂家的时候"。有一次，伯纳德指着一家咖啡馆、一片建筑物、一座教堂和一片天空，带着满足的口吻说："瞧啊，那就是菲古雷蒂家。"

很奇怪，我挺享受无知的，从不曾主动一探究竟。

我密封好最后一罐果酱，将六个罐子一溜儿摆在桌上，一边想埃德温看了会开心，一边倾听他在画室工作的声音，但不过是徒劳。真希望活在蘸水笔和羽毛笔的时代，那时，作家亦如画家，乃是无声的工作者，即便倾听也无人知晓，他们将怎样的词语之声混合、搅动，再书写到羊皮卷或纸页上。

"埃德温正忙着呢。"我喃喃道。

我们沿窄窄的街道漫步，一路上山，穿过一片高大的仙人掌林，见它们举着如钉了钉子的粗糙手掌。伯纳德指给我看几处山洞洞口，说里面住着伊维萨人。我意识到自己正踏上另一段旅程，一段从未经历过的旅程，就像那次与本在伦敦街头寻觅象棋，尽管偶尔有梦想和欲望浮现出来，那象棋依旧是一副实实在在的、供人在其上拼杀的象棋。我和伯纳德都认识到，这次海滩漫步是有意识的准备，就像鸟儿决定最终飞行前的尝试。我们俩有说有笑，背诵着心爱诗人的作品（略感失望的是他居然背诵了吉卜林的《冈伽·丁》），而我也再次对他着迷，因为他的法语和西班牙语竟那般流利。我也一股脑背出自己喜爱的诗句，就像将自己的内心烹饪摆盘供人品尝。想象一下吧，一个三十二岁的女人，气色红润，眼眸湛蓝，身穿蓝色宽松针织衫，脚蹬罗马凉鞋；埃德温说那蓝色"很美"，他是画家应该所言不虚。（弗兰克·萨吉森夏天总穿罗马凉鞋。他只提过一句，说"夏天穿罗马凉鞋最舒服了，又最便宜"，于是无论生活在何处，我都将罗马凉鞋当作春夏的必备。）想象一下我吧，站在"蓝色地中海"之滨，背诵多年前学过的一则寓言，分享我对这些诗句的喜爱，展现自己的聪慧：

> 乌鸦老板栖在高树梢儿，
>
> 嘴叼一大块奶酪。
>
> 狐狸老板循香味来到树下
>
> 对他大致说了这番话：
>
> "乌鸦先生，您好哇；
>
> 您真漂亮！我看您帅呆了……"[1]

背完拉封丹，我又转向阿尔丰斯·都德，从尘封的记忆中读出："如果你过去在晴朗的夜空下待过，你会明白在我们睡着的时候，一个鲜为人知的世界会呈现在孤独和静谧中。因此，泉水流得更加欢快，数不清的星星倒映在池塘中。山上所有的生命都随随便便地游荡着；各种噪音充斥在空气中，还有各种无法察觉的声音，好像人们发现树枝在生长、青草在发育……"[2]最后来一点维克多·雨果："我们在这里屈服，是为了在其他地方重生……"[3]

我已不动声色地展现了聪慧，该轮到伯纳德令我惊叹了。

"你能来几句奥登吗？"他问道。

我热烈地回应说："哦！奥登！"接着便吟诵道："他

. . . .

1 原文为法语，出自拉封丹寓言《乌鸦与狐狸》，译文乃李玉民手笔。
2 原文为法语，出自都德的《磨坊书简》，译文乃孙洁手笔。
3 出自雨果《精神四风集》引诗。

消逝于寒冬时节 / 溪流封冻……"

> 跟着，诗人，跟着走，
>
> 直至暗夜的尽头，
>
> 用你无拘无束的声音，
>
> 让我们相信犹有欢欣……[1]

伯纳德以一段埃德娜·圣文森特·米莱[2]的诗作为回应，我出于礼貌凝听着，心里却不以为然，认为我的诗人比他的更为"出色"。因为那样一天，那样的场景，以及他无比向往地谈论神秘的菲古雷蒂家的样子，他在我心中塑造出完美的形象。此刻我盼望他大段吟咏叶芝，好让我克制将之毁掉的真切冲动。我们继续漫步，凝望大海、仰视天空，心情飞扬。在这永恒的春天，豆花、杏花以及数不清的野花开遍四野，香气阵阵袭来，浮动于鼻息之间。

我们经过一头羸瘦的奶牛，她将拴牛绳扯得笔直，尽力啃食青草，以绳为半径的圆内，草已吃得精光。仿佛要以宽宏对待整个世界，伯纳德拔起固定拴牛绳的杆子，引着她去到一片牧草丰盛的草地。然而，重新插下杆子后，他却无名火起，拾起一根棍子，朝牛身猛戳两下，让我想起在克拉珀姆公地时，那位面色苍白的物理

· · · · · · · ·

1　两处均出自奥登《诗悼叶芝》，译文引自马鸣谦、蔡海燕译：《奥登诗选》，上海：上海译文出版社，2014 年，第 393、396 页。
2　埃德娜·圣文森特·米莱（Edna St. Vincent Millay, 1892—1950）：美国抒情诗诗人，剧作家，是第三位获得普利策诗歌奖的女性。大批评家埃德蒙·威尔逊对其极为倾慕。

学家折磨乌龟的情形。我再次努力克制，维护而不是毁掉这伊维萨一日的完美。

我们接着往前走。微风乍起，将一丛草卷过沙滩奔海而去。

"瞧啊！"伯纳德欢叫道，"风滚草！你知道风滚草吗！"

我一脸羞愧，说我还以为"风滚草"指的是四处游荡的牛仔呢。因为儿时看过许多西部片，听见这个词，我瞬间便想到得克萨斯、新墨西哥、亚利桑那，想到那里的草木野兽，想到过去哼唱的牛仔小调，例如：

随翻滚的风滚草漂泊……

如今得见这草的真容，我万分欣喜。原来这就是风滚草！我看着那丛用根包裹自己的草，滚啊滚啊直奔大海，在水边刹住，继而半借风势，半自用力，沿沙滩之字而行，毫不停歇，亦不扎根。虽不愿以物喻人，也不愿触景生情，我依然坚定地认为，风滚草具有超然的力量，孤立却绝不脆弱。我注视着它，颇觉心有戚戚。我们一路沿海滩走去，经过了伯纳德租住的白石别墅，它离水边仅咫尺之遥。我们谈论彼此及彼此的生活，伯纳德问我是否结婚了，我说没有，但不愿承认自己虽非处子，却对性懵懂无知，于是暗示说曾有过几段关系。

伯纳德很早结婚，如今已与妻子分居。

我说自己没什么心上人。男性朋友嘛，倒有过一两个，但我忙于写作，没时间也没心思谈情说爱。

我故作神秘，这令伯纳德颇感有趣。他开怀大笑，每次他一笑，我便感觉笑声在心中回荡，仿佛我的心是一座巨大而空旷的宫殿，等待客人到来和盛宴开始。

我们爬上沙滩尽头的小山，俯瞰三角形的海域、整齐的梯田。每一寸田地都精耕细作，奉献着果蔬粮食。我们将野餐摆在草地上，吃喝聊天。站起来望向大海和梯田时，他的手搂住了我的腰。

"去我的别墅吧，"他说，"用木柴生堆篝火。"

我们手牵手沿海滩原路返回，来到白石别墅前。一栋海滩上的别墅！童话中的生活就是这个样子，像只贝壳住在海边，看得见风滚草。这生活如今像一株特别的植物，在我亲爱的马塔格力旁边扎下了根！

我和伯纳德吃完饭，暮光中坐在熊熊的篝火旁，少女时代所读《真正的浪漫》中的老套路正在上演。这又是种崭新的体验，为此我感到欢欣。在彼此均感开心的氛围中，就那么坐着，谈着有趣的话题，相互暗通情愫，无须言表却郑重签下无形的契约。伯纳德是情场老手，我却不谙此道。

地中海的夜风吹进房间，带来些许凉意，我伸手关上窗。伯纳德俯身过来，死死搂住我的腰，两具身体紧贴在一起，但我却挣脱开来。

"哦不，"我正色道，"这才遇到你，根本就不了解，我不是那种……我是说刚认识你。"

接下来，我采取了理智而冷静的态度，不但成功熄灭了火花，而且将它整个湮没，创造出一片我自己的海域。但也有些后悔，有些沮丧；不过，眼下看不到任何引火之物了。

此后我们依旧热烈地聊天，细述各自的生活、信念与观点，间或免不了引用些浪漫诗句。

破晓之前，我们踩着鹅卵石铺就的街道返回伊格纳西奥·里克尔街。到了"我家"门口，他再次紧紧抱住我，双手熟练地摸索敏感部位；他吻得我最终有了回应，两人站在黑暗的街道上，上气不接下气。我挣脱身子，矜持地道了一声晚安，回到自己的房间，而身体却似乎仍给他抱着，那拥抱如鬼魅般整夜纠缠着我，可一旦它如缓逝的梦境般退去时，我又渴望它能回来。

坐立不安中我熬过了随后的几天。

"怎么听不见你打字的声音啊？"埃德温咕哝道，似乎我的打字声是为他作画伴奏；也许真是如此，因为心神不宁是会传染的，艺术家的工作规律若出现偏差，会触发混乱状态，这时创作灵感若前来探看，会发现无处安身。

"这些天你不工作吗？"

我"轻松地笑了笑"（就像小说里描写的那样，这种笑最是沉重忧郁），因为伯纳德已深深地刻在我脑海，就如巨人躺过之处会有深深的印记。一天早上醒来，想想自己快三十三岁了，说是到国外开阔视野，却还如此羞怯，要知道也许再不会有这样的机会，想到这里便起身穿衣，为埃德温倒好刮脸水，然后匆匆出门，朝小山，朝大海，朝伯纳德的别墅赶去，途中去糕饼店买了些蛋糕当早餐。穿过无窗白石屋与山洞旁那片高高的仙人掌林，来到沙滩上，"蓝色的地中海，它躺在那里，被自己晶莹的水波催眠入梦"。

举目寻找风滚草，却一无所见。

我敲响伯纳德别墅的门。

他穿着睡衣，手中握着一片纸，见是我，并未露出惊讶之色。

"啊，我这几天在写一首诗，"他说，"写的是俄亥俄的春天。"

随即开口念道："唯有俄亥俄的春天……"

我觉得这首诗浅薄空洞，他念完后我喃喃道："哦。俄亥俄的春天，肯定很美吧。"

"是啊，与其他地方的春天都不同。一觉醒来春天突然就蹦到了眼前。伊维萨也是一夜春来，这点倒真像俄亥俄。"

"俄亥俄的春天。"我蠢蠢地低语道。见伯纳德的注意力从诗转到我身上，我变得扭捏不安。

"我还没吃早饭呢。"他说，"空腹时我最有灵感。"

这话让我想起广播里的老笑话，忍不住想偷乐。我双手一送，将早餐蛋糕撂在桌子上，说："给你带了早餐。"

二人对坐下来，一面吃早饭，一面捡起几天前那晚的话头，边聊边引用各自喜爱的诗句，同时心里默默评价对方的诗歌品味。吃完饭，我们坐到沙发上，透过宽大的窗望向海滩。我心里说，地中海，同时意识到，自己陷入了永恒的陈词滥调中。

然后，伯纳德慢慢帮我脱衣，我也解开他的纽扣，彼此都知道，这正是我此行的目的。我们赤裸着走进卧室，爬上宽大的双人床。大海的涛声时起时落，晨光刺目地在房内闪耀。伯纳德正要拉上窗帘，我装作颇有经验地说，"在阳光下做爱挺好的"，口气随意，似乎是个中老手，其实这话是多年前和妹妹们研究《交往与交媾》一书时记下的。

我躺在床上，盯着伯纳德硬挺的硕大阳具。我不敢说这是头一次跟赤裸的男人共处一室。我继续凝视那红屋顶的鸽房，挤得满满的白鸽正待振翅翱翔，从此永远离开；我就是那天空；多奇怪啊，散步时我大谈"生命中的男人"，此刻却才首次体验，且只有自己知道。伯纳德也突然变成了两个人，一个是他自己，另一个是如红色鸽房般的侏儒。如今，身处地中海畔的白石别墅，陷入一场"真正的浪漫"（然后他……接着我……），心中却弥漫着悲哀与终结的感觉。

伯纳德去了趟卫生间，回来时鸽房上套了避孕套，这令我有一丝不快，心想："怎么他准备得这么好，就像带消食片一样把这东西走哪儿带哪儿？"我不想错过这崭新的体验，便压制住心中一时的寒意，心想，哦，为何一定要苛求自己的情感，一定要是爱情才能接受，一定要心中无一丝疑虑的阴霾？难道这不是给一具死尸涂脂抹粉？

我们一早上都在做爱。虽然读过描述性爱的书籍，我对"传教士体位"依然所知有限，某些动作令我诧异震撼，初感遭罪，继而享受，迷醉的感觉压过了一切。再者，所谓"有经验"的谎话反正也无法收回。我一向自认在探索"真理"，那么如今我是在探索谎言中的真理吗？我知道撒谎是因为虚荣与胆怯，是不愿正视过去的生活，因为它并不合乎我的假设或希望。

我们之间迅速生成了强韧的纽带，变得如胶似漆。那天下午，我们彼此相拥，手手相握，在夜色中走进小城的街巷，经过了菲古雷蒂家。

"那就是菲古雷蒂家。"伯纳德说道。听到这话，我环顾四周，看到这神秘世界中的天空、石头、沙子与大海。

"菲古雷蒂家。"我重复着这个名字，仿佛它是种游戏，一场我一生都在参与的竞赛，却从不知道赛题的答案。

我们走到邮局，发现有我一个包裹，是从英格兰寄来的。会是谁寄的呢？

回到别墅后，打开包裹查看，发现是帕特里克·赖利寄的四听牛肉罐头。还有封信，最后一句道："希望你依旧无牵无挂。"

我与伯纳德上床做爱，然后吃牛肉罐头同法棍，品味着越界的滋味。

自那天起，每晚及大多数白天，我都在伯纳德的别墅度过。早餐的点儿我会偷摸着回家，依旧扮演从新西兰来的纯洁作家。但我知道这瞒不住别人，因为有天早上进门时，撞见了卡塔琳娜和弗朗西斯卡，也看到了她们眼中的失望。

"是那个美国人吗？"弗朗西斯卡狡黠地笑了笑，"他很有钱吗？"

我又是法语又是西语地混了过去。

那时候大家普遍认为，美国佬人人有钱，主要因为他们总买最贵的食物与货品，且从来不以为意。即便埃德温只拿奖学金，买的东西也堪称奢侈，我与卡塔琳娜及弗朗西斯卡均无法企及。伯纳德更是住在"地中海边的别墅"里！我能感觉到，她们对我的态度发生了微妙的变化；我不再是那个迷惘孤单的珍妮特，盼着行李和打字机，而是变成了女恶魔，这令我感到成功，但也觉得失落，知道再也不会拥有难得的快乐：受邀去卡塔琳娜和弗朗西斯卡的小公寓，譬如参加聚会，围桌而坐、欢声笑语，桌下是红红的火盆。

如今，我混入了美国佬的圈子，成了伯纳德的女人。

我与伯纳德拜访了不少美国人。其中许多人离乡背井跑来岛上，只为躲避麦卡锡主义的迫害。其中有位画家曾是电影导演，在伊维萨自建了栋别墅，带我们参观了他私人的美国内战画廊，每位将军的肖像都出自其画笔。我们去法国文化学院参加了小型音乐会与诗歌朗诵会，还与埃德温和伯纳德的朋友饮酒用餐。他们多为美国人，男人女人各有伴侣，过着乐而忘忧、豪华奢侈的放浪生活。间或我会陷入惊惧之中；有一次去参加晚宴，到时才发现自己是唯一的客人，主人我并不认识，他坐在长桌尽头，突然因疟疾发作晕倒在地，我赶忙扶起他挽回卧室，边帮他脱衣服，边想他得的这种病，会不会是少女时代大家都在笑谈的"蚀刻画"[1]的另一种版本。他是真的病了。想到我确乎在完成文学资助所谓"开阔

· · · · · · · · ·

1 蚀刻画（etchings）：出自 20 世纪 30—40 年代颇为流行的美国俗语"come up and see my etchings"，邀请年轻女性上楼，暗含性意味。据说最早出自希区柯克第一部有声电影《敲诈》，影片中，纽约建筑师 Stanford White 用此话勾引年轻女性去他的住处参观蚀刻画，画的内容为裸女图。30—40 年代的报刊与文学作品中，这个说法频繁出现，到了 50 年代则慢慢过时。

视野"的任务，便整夜守在他床边，弄好药喂他吃下。

拜访美国人时，从其言谈中，我听到也猜到了某些事情。他们谈论毒品走私的门道。我不觉得认识的人当中有谁在贩毒吸毒，但我也是太过无知，如今回想起来，要么是我误读了某些迹象，要么因为粗心没留意。我就那么听着，仿佛是个没给催着去睡的孩子，大半夜听大人们聊成人世界的冒险。

但我不能无视某些人的未来，因为那给我以警示，不得不思忖自己面临的风险。比如画家芭芭拉，听说曾跟画家格里格要好，一起生活创作，很是开心幸福，可突然间便落了单，陷入痛苦之中。格里格去了巴黎，不准备回来，大家便问孩子出生后她该怎么办。还继续待在岛上吗？那她靠什么度日？是想回美国生孩子呢，还是放弃这个孩子？不过还有时间……某人认识某人，那人又认识某人……大家都为芭芭拉感到难过。听他们讲，这种事以前不在少数。

那段时间，我极少跟埃德温在伊格纳西奥·里克尔街碰面，不过有一次，出于习惯，我轻声问出我们那句经典的话，"要不要生火？"同时感觉它极为遥远，埃德温回应道："你知道自己在干什么吗？"

"当然知道。"我说。

"可你的写作怎么办？这些天都没听到你的打字机响。你这是怎么了？"

"这个嘛……"

伯纳德占据了我的头脑和身体。我们租了自行车一起探索岛屿，一天天在偏远的海滩度过，聊天、背诗、唱歌、做爱。有次我们去港口（镜之城！）一艘游艇上看他的朋友。他们屯了好些枪支，着实令我惊惧。

一天晚上，伯纳德在床上沮丧地说："避孕套用光了，得去搞一些。"

他居然关心这个，真让人厌恶。如此良宵竟然在乎这事！

"有什么关系吗？"我无所谓地说。

沉默了一会儿，我悠悠地说："要真有了孩子会怎样？"

伯纳德的回答令我震惊。

"那就糟了。"他说。

他是当真的。那样的确会很糟。他的话如冷水泼头，让我看到一直不肯面对的现实。一个孩子，我与伯纳德爱情的果实，将是伯纳德给我的礼物，我觉得自己坚定地爱着这个人。过去几周里，一旦有混乱的迹象冒头，我便将其捋直抹平以维护完美，难道孩子不是我们爱情的结晶吗？

他一句"那就糟了"结结实实毁掉了这爱的完美。一瞬间，那巨人躺倒留下的印记，那我曾以为不可磨灭的印记消失了，恢复了原来的形状和植被。我感觉自己的生活就如青草回到了原来的位置，再次沐浴阳光与风，我对伯纳德的渴望、爱意与激情荡然无存。他冰冷地说"那就糟了，孩子是个大麻烦"，他怎能这样想，怎能说出这种话？孩子是个大麻烦。

那是我住在别墅的最后一晚。第二天我回到伊格纳西奥·里克尔街自己的房间生活写作。我找来钥匙锁上前门，伯纳德来找时拒不打开。埃德温与我恢复了写作画画的日常，每天下午我都去画室看他上午的成果。他将一幅画命名为《再无孩子玩耍的街道》。

"还记得吗？"他问我。

当然记得。我们曾穿过夜晚的街道漫步，吹笛人的音符清脆地落下，敲碎了月光下闪亮的鹅卵石，整日在街头玩耍的孩子们早已消失不见。

见此景象我说："这就像再无孩子玩耍的街道。"

后来的一天，埃德温告诉我，伯纳德要离岛了。我依旧想念他，我们曾相互依偎，没有比皮肤更温暖的巢。

伯纳德离开那天，我采了一束野花交给埃德温，托他带去船上。

得知那个美国人要走，卡塔琳娜和弗朗西斯卡乐不可支。

她们说："那些美国佬把什么都搅乱了，哪儿都一团糟，连灯都不能幸免。"

她们说的没错，埃德温的大瓦灯泡又烧断了保险丝，真是个讨厌的家伙！

"他们乱弄灯泡，搞得黑咕隆咚的。"弗朗西斯卡说。

我在伊维萨又待了六周。离开伯纳德的痛苦比想象更甚，他已占据了我的生活与自我。如今没了他，我搜寻那些空荡之所，徒见阒然无人的黑暗，偶有伯纳德的身影倏然而过。唤醒我爱情的，除了他爽朗笑声带来的欢欣，便是对自己情感的刻意怂恿。我曾精心培育这份爱，即便它只是昙花一现，其复杂与灿烂凝集了我所知所感的一切，以及曾经的与将来的我。

这的确是"真正的浪漫"！歌赋不足以尽道其丰富！我开始担心自己是否怀孕。这巨大的恐惧与我心目中完美的爱情不甚相符。此外，手头的钱也无法撑太久。我没同埃德温讲自己有可能陷入困境，但他知道我的资助有限，于是建议我去安道尔，他曾提过，那里有"自由"的资金市场。他感觉到我已无法忍受伊维萨。此时，我的伊维萨弥漫着温润馥郁的花香，岛屿中部与线条柔和的山岗上，青翠的松林覆上一层水绿的新叶，在阳光下愈发熠熠生辉。但伊维萨突然变了，我的情绪浸染了它，我的目光破坏了它。此前，我觉得周遭的一切，那天、那海、那气候、那镜之城，都独立于外物而存在，我亦同样如此，与这岛及其海天山树为伴。可是如今，目光所及之处，一切不是变得美好，而是瞬间成灰，树木正在衰朽，橄榄花正在凋零。同时，与岛人相熟打破了我内心的平静，无法再独处，无法做自己世界的创造者和维护者，无法与其他世界和睦相处，因为无法如愿地阐释它们。我给现实的磁石紧紧吸住，品尝着人去楼空、欢日不再的酸涩与苦楚。

（秋天过去了，木叶凋落，惟余常绿树撑着深绿的树冠，既是庇护所，却也阻挡了阳光。此时我们才注意到，树林中不止有我们。有房舍显露出来，住户们过着自己的日子。我们对距离有了新的观感，发现了春夏时无法看到、整个秋天也仅有所察觉的图景。瞧瞧那些高大的烟囱吧，我们从不知道，那底下点燃过如今依旧燃烧的火，人们一直隐秘地添加木柴！瞧瞧林中那条条才刚显露的小径！我的目光越发清晰地穿过这个、那个世界以及它们的四季，而自己也被更加清晰地注视着。我周围的一切都失去了伪装，我的伪装亦复如此。我自己这棵树上，甚至也会现出新的或已遭弃的鸟巢！）

十二　安道尔

离开伊维萨的那日天空阴沉，地中海风暴掀起高达三十英尺小山般的巨浪，我与其他乘客在人搀扶下，才登上剧烈颠簸的渡轮。这阵势从前定会吓坏我，但那一刻我却浑无所惧，一副拥抱厄运的姿态。我同埃德温道别，这位忠实的朋友依然盼望《猫头鹰在哀叫》能在纽约出版。上船后我立刻躲进舱房。晕船晕了一夜，黎明到来时，在玻璃般的静谧中，轮船几不可察地晃动着，停靠在巴塞罗那港。我提起箱子，背好绿色帆布包，紧抓着鼓鼓囊囊的旅乐手提包。登岸后，在巴塞罗那码头上，我以平放的箱子为座，一副孤苦伶仃的模样。晕船感渐渐平息后，我开始思量该去哪儿，又该做些什么。我只知道目的地是安道尔。

后来寻了家旅馆，走进门厅时，扑面而来的，便是橄榄果与橄榄油的气息，心中突然涌起阵阵乡愁，思念起伊维萨，思念卡塔琳娜、弗朗西斯卡、费尔明、何塞这些我在伊维萨的家人，又回想起自己，那个每天忙些简单家务的纯真作家，想起那一摞朴素的打字纸，想起与镜之城的心灵之交。

此外，伯纳德的存在像鬼魂般如影随形，仿佛就在周遭，就在身体内。走在街上会听到他的笑声，抬头寻时，却发现是个陌生人，正与其他陌生人交谈。

第二天上午才得知，这个时节没去安道尔的长途公交。大陆上依然是冬天，伊维萨数个月的春天宛如海市蜃楼，在巴塞罗那的寒风中，那好似来自记忆的梦。除一条私家车专用路外，其他去安道尔的道路都无法通行。有人建议我租一辆的士。

的士很便宜，其实是小型面包车。简直难以置信，我一个从未坐的士去过任何地方的新西兰人，会在那天上午同另外两个乘客乘的士旅行，穿过西班牙北部的村庄田野，经过古老的修道院，驶过绵延不绝的红土地。其他乘客不久就下车了，仅剩我独自惊奇地望着小村从大地里冒出来，像逐渐长大的深红果实与花朵，或是像古老的伤口，有些地方至今尚未愈合，依旧覆盖着血痂，在灿烂的晴空下，通常带来福祉的绿色也未能令其柔和。我努力抓住小村留下的记忆，因为心里清楚，穿越西班牙北部的旅程也许只此一次。我也知道，无论记住什么，原野上裂开的伤口都会让我想起内战，让我想起伊维萨的友人，想起费尔明指向苦路十四站边执行处决的地方。

很快，经过比利牛斯山山脚后，汽车开始上行，阳光突然被深绿的松林扼熄，虽是下午，山中几乎暗黑如夜。此时，伊维萨的树木是嫩绿的，树叶柔润如云，夕阳下或呈浅黄，而北方的树在雪的映衬下却显得黝黑。从南部的春天到北部的冬日，树木景象的反差似乎反映出大自然的倒退，也似乎与无可逃避的现实感合拍。或早或晚，这现实会困扰一个三十二岁孤身且或怀孕的女人。（在这段旅程中，我无疑将外界的景物转移到内心，再推拒出去，如此反复数次，大大搅乱了心绪，最终相信，自己变成了冬日怀抱中的一棵暗黑的松树。）

黄昏时，车到达了如村庄般的安道尔城[1]。卸下愈发累赘的行李，付了车资，再次坐在平放的皮箱上，我思忖接下来该怎么办。本以为安道尔城是这个公国的大镇，但这儿就像村庄的中心广场，周围是一圈建筑，背后就是山峦。我沿路走下去，在出镇子的转弯处，遇到了一个年轻人。

"劳驾，"我说，"我想找个住处。"

起初他并未回答，而是冲我示意跟他走，直到遇见一车正要离开安道尔回其他村庄的工人。这个叫卡洛斯的年轻人说，他会带我回莱塞斯卡尔德[2]的家，他和妻子愿意给我一间房。

"跟我来吧。"他说。

没开多远就到了莱塞斯卡尔德，二人下了车，沿着主街朝河边走去。这是一条湍急的山溪，溪水冲刷着两岸房屋的地下室外墙。我们沿窄窄的楼梯爬上一栋房屋的三层，来到临街的一套公寓，这里住着卡洛斯和妻子多娜，还有两个孩子，六岁的安东尼和四岁的泽维尔。卡洛斯跟多娜解释说，我想在他们家租个房间。孩子们很羞涩，靠着妈妈的裙子，睁着大眼睛盯着我瞧。听说

. . . .

1　安道尔公国的首都。
2　安道尔 Escaldes-Engordany 教区的一个市区，位于该国首都安道尔城附近。

他们的卧室不再是他们的，爸妈的也一样，因为我要睡爸妈房间，睡那张垫着羽毛床垫的大双人床，他们的盯视透出愤怒与不解。我一下子没弄懂，原来自己打破了一家人的睡觉安排，不过很快就明白了，在穷困中挣扎的他们希望能多挣几个比塞塔。余下的一间小卧室租给一个叫埃尔维奇·马里奥的客人，当晚我跟他碰了一面。

这套公寓有一间小厨房，一间洗手盆带冷热水龙头的盥洗室，不过只有冷水，而镇上所用热水采自山中温泉，在广场上的洗手盆、水龙头以及镇上公共浴室和洗衣房是可以敞开用的。

我的房间临街，屋后不远便是白雪皑皑的比利牛斯山。夜里，房间内尽是寒雪之气，冷得令人疼痛，却还不致使人绝望，因为这疼痛中掺杂着对日光的憧憬，或许也有对温暖的渴求。我陷进羽毛床，就像鸟儿缩进巢，周身给羽毛垫紧拥着。躺在那儿，我努力盘算着未来，将孩子也考虑进去，因为八成自己已有孕在身。我记得当年的朋友，八岁的小女孩波普伊曾说，好莱坞影星怀了孩子不愿要的话，会喝杜松子酒、吃奎宁、上山下山一通跑……好吧，我不正在比利牛斯山吗？这类传闻波普伊是从哪里听来的？为何我立刻想到了童年时听来的法子？我知道在医院时，自己获得了深刻而持久的教训，明白在人群或社群中，但凡有人掌握着生杀予夺的大权，其结果将会是什么，而赋予自己此种权力有多可怕。然而，越想靠近现实，就越发陷入其中。后来我的确进山爬上爬下，也吞过奎宁药片。同时我也为孩子准备保暖衣物。我买了羊毛、棒针与一本法语编织手册（里面说

"我妹妹……她的孩子"），开始照着关于"从出生到三个月……为宝宝提供所有护理……快捷简便的操作"的那一章，为"幼儿期"[1]打毛线。我织了件马提尼短上衣，一双毛毛鞋，将它们整齐地放在箱底。

又过了一个月。我开始融入这个家庭的日常，清早提着铁皮桶上街，走过古老的石桥，去乳品店买一天的牛奶。赶回家时，孩子们已起床穿衣，我便和他俩以及埃尔维奇·马里奥、多娜、卡洛斯一起吃早饭。大家围桌而坐，一大盘面包、一大碗牛奶放在中间，每人用些后便传给下一人。饭后泽维尔同安东尼去西班牙语学校上学（安道尔既有西班牙语学校也有法语学校）。虽然才四岁，泽维尔已开始读他第一本书的第一个句子，写的是人类最早的暴力行为，"该隐杀死了他的兄弟亚伯"。

白天，埃尔维奇、卡洛斯和孩子们走后，多娜和我就聊聊"这那"，孩子呀，卡洛斯呀，埃尔维奇呀什么的，还有冬天木匠活儿少谋生艰难，卡洛斯这才周日到一家饭店端盘子挣些零用。他不识字也不会算，拿回家的钱都是多娜帮着清点，因为她上过学，把彩色计数器放在餐桌上，摆上硬币教他怎么数。她说，就为这个，孩子们也要风雨无阻天天上学。哪天也许一家人移民去加拿大开始新生活。对面临河公寓的那家人就要移民过去了。那家的丈夫十个月前走的，走时保证说，等挣够了钱，有了固定的地方住，就寄旅费给妻子孩子。开始他还写信，甚至寄来了家用，可接下来几个月音信皆无。

. . . .

1　这几处引文原文皆为法语。

罗拉有时会哭，说不知道她和三个小家伙怎么办才好。

下午同晚上，我会给孩子们讲故事，开口便是法文与西班牙文的"从前"："很久以前"[1]"在非常遥远的时代"[2]。诸如此类的话语往往会带我进入如镜之城般的镜像世界，在那里的国度中，人们生活在想象的光芒而非阳光之下。我总为那个世界所吸引，总幻想用文字描绘它，可精准的语汇甚至不存在，因为词汇太过有限。我越发意识到镜像世界何等丰富，而之所以能发现其丰富性，是因为我多次光顾镜之城。伟大艺术家曾在那儿生活过，返回后描述了其所见、所感与所知。我知道，有些人去了就再未回来。如今，我手握一把开启那座城的钥匙："在非常遥远的时代"，一个穿越过去来到现在与未来的入口，故事就像是在来往于现实与那座城之间的道路边采撷的花朵。

一如在伊维萨，我也成为莱塞斯卡尔德家的成员。每逢周日，我便戴上披肩头纱和一家人去教堂。周日晚上去影院看有西语字幕的美国电影，通常是西部片。平时上午写书时，我对怀孕愈发焦虑，想着要做孩子的母亲心里就慌。偶尔想到生个小伯纳德也会开心，若是个男孩儿，该会继承了伯纳德的脸、身材和笑声，若是个女孩儿，会有他的眼睛。要是孩子随我，就只会像我小时候，一头红卷发，两个小酒窝，酷似秀兰·邓波儿；无法想象伯纳德会遗传给小珍妮特什么。我想，也许祖

· · · · · · · ·

1 原文为法语。
2 原文为西班牙语。

父母的样貌会重现，成功地将我们的特点抹除或变得无足轻重；也许遗传之链会深入往昔，取回某些遭弃的特征，就像让等在岔线的客车重返干线。

很快这种浪漫之梦便给放弃了，我开始不顾后果地在山间游荡，攀爬陡峭的山坡，稍稍愣神地瞧着标示："Perigo[1]""危险""雪崩"。我爬到依偎在峰巅间的暖水湖畔，坐望雪线下暗黑色的松林，再次想起伊维萨的青松，那"令人崇敬的树"，将其与安道尔低垂悲伤头颅的黑松林做比。我途经石头垒成的村庄，它们似乎自岩石中长出，牛挤满了巨大的牲口棚，入口处牛粪味儿经久不散，但一到外面，经山中的雪气一冻，便消弭于无形。有人告诉我，绵羊都在法国那边过冬，不久后便会穿过山口给赶回家。埃尔维奇同我讲了很多山口的事儿，他对山路了若指掌，冬天他以贩私货和当向导为生。我天真地觉得，走私赋予了埃尔维奇一种浪漫气质，却从未好奇他贩的是何种私货，只是想象一群浑身野性的男人，埃尔维奇便在其中，牵着背负一箱箱走私货的驮马，步履沉重地穿越岩石嶙峋的山口。

每日散完步我便吞下奎宁片，希望起作用的同时又否定希望，对自己的状况越发恐惧却又越发开心。最终解决问题的是对光的需求。安道尔不同于伊维萨，山间河流带来丰富的电能，但卡洛斯与多娜这样的居民却穷得用不起。同伊维萨一样，电灯泡太暗，无法阅读写作。我学埃德温在伊维萨时那样（弗朗西斯卡管他叫"杀死

1 葡萄牙语"危险"。

电灯"的美国人），买了只大瓦灯泡，站到椅子上踮起脚去换，想让灯光明亮些，却突然感到头晕目眩、心里恶心，没站稳跌了下来，流出的血令我想起自己的初潮，想起在奥马鲁的时光，血红的大丽花，皑皑白雪，世界大战，生日聚会。血是黏稠的一块。我用纸巾包好它带进厕所冲掉，拉了好几次水箱，直到那东西给冲成一条条，就像满含恐惧的眼睛对我匆匆一瞥，随后消失不见。

我虚弱恶心地瘫在羽毛床上，凝望着山上的白雪。

那晚多娜跟我说："你脸色好苍白。"

我说："没事儿，每月不都这样。"

她笑了，说也是啊，家里除你我外都是男人。直到孩子没了我才意识到，自己已经接受了他，为他的降临做着准备。我感到一种不及丧痛却比懊悔更强烈的情绪，这个领域不属于女性：痛恨自己的同时，心中涌动着美妙的自由之感，渴望伯纳德，渴望他给予我而自己却不知的一切，因失去的路及消逝的事物而悲伤，但亦感到自由，感到在镜之城中重新开始生活的前景，我将以胜利者的姿态出现，像最茂盛、最刚强、最刺鼻的野草，却亦能开出娇柔美丽的花朵，在这片让女人走开的土地上，令一切循规蹈矩的花朵相形见绌。

失去伯纳德已如丧夫，如今又失去了他"赠予"的小家伙，此时埃尔维奇提出愿意陪我，多娜和卡洛斯听了很开心，劝我别错过机会，我也就接受了；夫妻俩开始盘算，要让我们在新教堂结婚。我病了好几天，所幸没人生疑，大概是因为两个孩子生了水痘没上学，给关在黑黢黢的屋子里喝药茶。

失去孩子后，我缓过神来，内心变得柔软，或许也变得更糊涂，埃尔维奇邀我进山野餐，我便答应了。于是一天上午，在多娜与卡洛斯鼓励的目光下，在街上埃尔维奇朋友们的关注中，我们带着野餐用具，沿山路向雪线进发。我已得知，埃尔维奇战时参加过抵抗组织，后来给关进一间法国集中营，战后到安道尔谋生，毕竟他对山中的道路了若指掌；秋天要么去法国南部摘葡萄，要么去西班牙南部一家皮毛作坊打工。同许多意大利人一样，他是自行车高手，所以来安道尔时，也带上了那辆蓝白相间的酷车，放在卧室里，虽然不骑，却经常擦拭、上油，翻过来放在楼梯平台上，转动轮子，鼓捣里面的轴承。他的事儿是用流利的法语跟我讲的，也掺杂些意大利语和西班牙语。

我向来崇拜有语言天赋的人，自然而然喜欢上了这个高大英俊的男人。他曾与墨索里尼的法西斯匪徒作战，令我甚是钦佩，对他在集中营里遭受的折磨深感同情。然而，我受不了他穿黑白双色鞋，他还就偏偏送了我一张穿着这种鞋的照片。不过这与他人品无关，是我的问题，反映出早年受到的影响。在往昔那已逝的世界里，穿"双色"鞋的男人就是"奸商""二流子"，甚至是匪类。

一边朝积雪走，埃尔维奇一边给我指点地标，两人主要说法语，偶尔说一两句西班牙语。离雪几米远的地方我们停下了脚步，我朗声吟诵赞美白雪的法语诗句，因为雪总能令我欣喜若狂。可这举动却令我忆起在伊维萨时与伯纳德的首次漫步，似乎是旧日重现，不仅令我心惊，也更让我伤感。我觉得自己在听老唱片，也许是我唯一的一张，不免心中思量，难道总会是这样吗？身处同样的情境，那感觉总会沿大脑中的旧路上上下下？

我将食物摆在一块光秃的石面上，埃尔维奇在旁跟我讲他在米兰出生和长大，父亲寡言少语，母亲身材壮硕，边说边伸开手比画她身体的宽度。他说自己没什么"女人缘"。

我们开始吃饭，香肠、面包加红酒。突然，他俯身过来抓向我胸前。我又变回了那个端淑的年轻女子，挣扎着躲开。

"哦不，"我叫道，拿出一副爱情顾问的口吻说，"这事儿我们得谈谈。"我对他讲，不了解前我是不会亲吻拥抱的。

埃尔维奇反驳道："可你跟我到山里来散步了呀。除非想做情侣，没哪个女人会跟男人到山里散步的。"女人家不该像我那样独自出门，沿河边走呀走，穿过街道，跑进山里。他说往后得有人陪着我。他愿意陪，他上班时，多娜、卡洛斯和孩子可以陪我逛。他说我现在是安道尔人了。安道尔就是我的家。

埃尔维奇用情之深令我始料未及。自野餐那日后，他便紧盯着不让我单独外出。此时正值安道尔的初春季节，虽然通往法国的道路依然封闭，山花却已烂漫开放。多娜同孩子与我一道去采花，白色的紫罗兰、报春花、小苍兰、百合花，充满雪意的空气依然将花香冻结在花朵里。我还是有办法独自散步，有时沿安道尔河畔的小径漫步，有时去安道尔城取帕特里克·赖利从英国寄来的包裹，内有牛肉罐头、爱尔兰炖菜和奶香米饭，好像我生活在一个饥饿的国度。埃德温也有信来，字里行间弥漫着怀旧气氛。伊维萨已不复从前。旧相识都已离去，那栋房子变得冷冷清清，费尔明依旧来吱吱呀呀地拉提琴，两位仆人依然过来闲荡，凡事都想探个究竟，不住抱怨他擅自增加灯泡瓦数所犯下的罪过。埃德温说他申请了另一笔奖学金，拿到后会去巴黎。他没有伯纳德的音讯。

有天晚上我在埃尔维奇的房间聊天，他突然跪到我面前，试图将一个戒指套在我手指上，一边颤声道："你愿意嫁给我吗？"他说戒指是住米兰的祖母留下的。

我既感荣幸又觉惶恐，还有一丝忧伤，因为伯纳德依然占据着我的心和梦。我也意识到，由于二十几岁的年华给从人生中抹去了，自己有些像二十岁出头的女人，刚离开学校和家，开始探索男人、女人、性与爱的世界。埃尔维奇的戒指我没接受，却也没拒绝。难道是我忍不住一时贪心，为了爱不顾代价？因此，他与那家人认为我们"订了婚"，会在安道尔的教堂里喜结良缘。我的反应则是等等看。随后，心里恐慌的我跟他们解释说，我先得回趟伦敦"处理些事情"（仿佛临死前安排后事），之后便会返回安道尔。

在安道尔最后的日子里，我发现，自己再次扮演了最熟悉的角色，一个逆来顺受的人，生活由他人安排，但却不敢反抗，因为那会激怒别人，从而遭到惩罚。多年医院生活让我渐渐懂得，在未来的岁月里，这个角色总会等我来扮演，我大半生将会挣扎着逃离一所监牢，当初之所以进去，是因为我"习惯了它，而习惯就是一切"。

因为这个，我会在合适的时间跟埃尔维奇去"漫步"。我们一起去教堂为迟来的复活节庆祝做准备。多娜同我聊婚礼的服装。埃尔维奇将我介绍给朋友，他们真诚地同我握手，言辞友善恳切。夜里缩在如巢的羽毛床上，望着莱塞斯卡尔德建筑物后白雪皑皑的山峰，回想起白天同埃尔维奇的谈话，他对未来的规划，他对我的问题做出的回答，想到将来的生活，先是住在安道尔，然后搬去法国南部在葡萄园讨生活，要么到毛皮厂工作，有可能生活窘困，还要照顾小家伙，想到这儿，寒意突然袭来，恐惧弥散到全身。我觉得就心态而言，自己就像个要赴"殖民地"生活的"英国女性"，担心"孩子的教育怎么办，到哪里上学"，我担心的是到哪里搞书，如何保证阅读，写作该如何进行？还能有音乐和艺术吗？以前，我以浪漫的眼光看待那些如从伟大艺术家画作中走出来的人，如今却不愿变成他们中的一个。我也不愿再使出用了多次的套路：以诗歌将自己置于与人交往的危险之中，拼命推动爱意向自己流动。我渐渐明白，诗歌用途无穷，但并非始终无害。

埃尔维奇同我一道去买了去伦敦的返程车票。见他在旅行社外等，我便急切地问："如果我不回来，返程的票钱能退吗？"办事员说没问题，叫我放心。

复活节过得庄严而快乐，大家品尝了传统的屋形巧克力蛋糕，以及大大的金轮奶酪，那是牧师从美国政府送的食品包裹里拿出来分发给各家的，此外还享用了我帮着多娜制作的软糖、糕饼和肉馅卷。餐桌铺上了白色桌布，摆上了蜡烛，宛如神坛；先前安东尼和泽维尔做了错事，将棕枝主日[1]的棕榈扔到窗外的街上，可即便是这两个淘气包，这会儿也穿着最鲜亮的服装，戴着白色花边衣领，低眉顺眼地坐着。人人充满爱意地互视着，也向我和埃尔维奇投来特殊的目光，我再次感觉自己遭遇了魔力，它来自一张张西班牙人和意大利人的面孔，以及一只只明亮黝黑的眼睛，它们属于古典大师的画作，"关于苦难"，这些大师"从来不会出错"[2]。哦，为何我不能也在那画中？对，就是我，尽管有一头凯尔特人的红发，出生在与北半球相对的世界里，那儿的林木像安道尔的松树般绿意沉郁，四季常青，那是永恒的颜色，展示无上的权威，因为森林同大海、天空、大地、季节自然而然地统治着一切。我渴望归属（既活在真的城市，又活在镜之城，能有更强的归属感吗？），便甘愿由他人决定我的生活。

当晚我坐在屋里，将打字机放在膝头写作，听到喃喃低语声，是多娜用彩色计数器帮卡洛斯算账。我知道埃尔维奇在他房间，或许在擦拭蓝白相间的自行车。突然间我想起，还不知道他会不会读书写字……我再次变成生活在"穷苦农民"中的英国女人，他们无处可逃，

1　棕枝主日（Palm Sunday）：天主教称圣枝主日，亦称棕树主日或基督苦难主日，东正教称柳绒节，是主复活日前的主日，标志着圣周的开始，为罗马天主教、东正教、圣公宗、信义宗等各派庆祝的节日。
2　出自奥登的诗《美术馆》，译文参见马鸣谦、蔡海燕译：《奥登诗选》，上海：上海译文出版社，2014年，第244页。

而我则能逃回伦敦。我想到，若与他有了孩子，肯定会很疼爱稀罕，但小家伙们会过苦日子，光着脚丫没鞋穿也没学上。当初申请资助时，我跟文学基金会说的是出国"开阔视野"，难道我要做到这份儿上吗？

我的写作怎么办？若是将来无法独处，天天忙着采葡萄、照顾孩子、给家人做饭，我如何再会有独处的时间，能让自己进入想象的世界，探索它，描述它？我当然愿意在古典大师的世界里驰骋想象，而不是生活在婚姻家庭中，听小天使们哭闹，换弄湿的尿片；面对无数串摇曳生长、亟待采摘的葡萄，而非静观一束永恒的金光照亮填满果盘的那串；不得不生活在光线昏暗的屋子里，看斑杂的光影奇幻地变化，屋子得清扫，物件得修理，还得做好防水，以免雨水渗漏。

重要的是，我不爱埃尔维奇，他不过是一厢情愿，前来填补空虚。然而要不了多久，那虚空之处自会草木繁盛，它们才适合我渴望的那种生活。

五月中旬，就在去法国的路恢复通车的那天早上，我、多娜、卡洛斯、埃尔维奇和两个孩子在路边等待开往佩皮尼昂的山区小巴。大家伤感地互道珍重，拥抱亲吻、满怀柔情。与埃尔维奇吻别时我说不，我不能带走他的戒指，怕给弄丢了。孩子们一脸严肃地跟我道别，眼睛里透着智慧，似乎洞悉了一切（该隐杀死了他的兄弟亚伯）。此前我给安东尼买了口琴和吹奏指南，这会儿他试着给我吹个曲子。绿色丝绒裙我送给了多娜，还有爱笑的埃尔茜和乔伊姨妈买给我的棕色大衣。我再次亲吻众人，最后一个是埃尔维奇，然后便登车出发。

雪堆积在道路两侧，如两堵高墙。我做梦似的坐在车里，蓝色的光照耀着，积雪与松林俯视着山间公路，给人以虚幻之感。巴士是交通恢复后的第一辆机动车，车头前的雪铲奋力清理着道路，因为雪花又在飘落。抵达佩皮尼昂时，车仿佛是突然驶出幽谷，道旁的树木陡然变得青翠，大地蒙上了一层柔云般的春绿，这才叫春天啊。火车还要等两个半小时，我便到镇上走走，在公墓外的石凳上坐坐，享受奢侈的孤独与静寂。路边有个寂寞的小站，悠悠地散发着平和的气息，来往的车辆寥寥无几，站上贴着旅游海报，展示着别的城市、教堂、海洋，别处的太阳，以及金色阳光灿烂明媚的天空。我想起新西兰南岛主干线上的小站：温顿、戈尔、巴尔克卢萨、米尔顿、克林顿……当然，穿过公墓令我想到法国诗歌和散文，其实它们从未远离我的心头……"塞米朗特号遇难者的墓地，真是凄凉之至……我只见它有一道矮小的围墙"[1]，这样的句子像乐曲，像味道，像香氛，像颜色，勾勒并隔绝沉郁的记忆，仿佛在云朵中洒布了珍珠。为何这种记忆总唤起我毕生对天空的痴迷？它们唤起不断交替的场景：太阳温暖地照耀，太阳隐没带来寒意与绝望，焦急等待太阳重现天空；天空主宰我，祝福我，令我孤独！

我乘火车抵达巴黎，去巴士底狱边的那家旅馆住了一夜。第二天回到伦敦，帕特里克·赖利来车站接我，

---

1 出自都德：《磨坊文札》，柳鸣九译，上海：上海译文出版社，2011年，第66页。

跟我说他在南克拉珀姆找到了新住处，也给我租了一间，我该不会怪他擅作主张吧？他说房东太太让我们就叫她妈妈。

我谢了他，心想去伊维萨和安道尔这么久，有什么作品可以拿得出手呢？我得引用阿尔贝·加缪的一段话，因为自己写不了那么好："当然，生活或多或少是表达的反义词。如果相信托斯卡纳大师们的看法，那就是三重见证：在沉默中、火焰里和静止中见证。"[1]

· · · · · · · ·

1　引自加缪散文《沙漠》，见柳鸣九主编：《加缪全集·散文卷 I》，上海：上海译文出版社，2010 年，第 64 页。

第二卷

城市如家

十三　伦　敦

我打算在伦敦找份工作，还想寻到可靠的方法，证明自己是否真的患过精神分裂症。约翰·福里斯特曾提出，要帮我在精神病学研究所约个医生，我想还是要利用这个机会。说实话，我舍不得精神分裂症，因为它赋予了我"特权"，虽然这有些扭曲，但较之创作出堪称艺术的作品，它让我更容易与伟大艺术家结盟。我怀疑，自己发表的作品会毁掉这脆弱的同盟，因为我无法永远利用在医院观察到的细节，为小说创造患有"奥菲莉亚综合征"的人物。我明白，奥菲莉亚综合征乃是诗意的虚构，尽管如此，它能有效地帮助作家探索各种未被道出且不为所容的情绪、想法和语言。

我还计划找一位经纪人，将《猫头鹰在哀叫》提交英美出版商。与此同时，我会靠工作收入继续写作诗歌与短篇，将离开新西兰前便已动笔的长篇《派雷滋叔叔》写下去。

另一当务之急，是深入了解男女生理结构与性行为，尽管装作"经验丰富"，实际上我却无知得可怕。之所以有此迫切感，全因为在伊维萨的风流韵事、同伯纳德的分手、短暂的怀孕以及草率接受埃尔维奇·马里奥

117

做未来的丈夫。

在找工作这件事上，帕特里克·赖利坚定地予以帮助，但有时也是瞎指挥。我开始研读《南伦敦新闻》上的招工栏，而帕特里克一如既往，就好像新西兰人循规蹈矩的心态，不知如何同我一道远行至此，化作人形，不断提醒我："你得找份稳定的好工作。打字员或秘书什么的。可别总花时间写啊写的，那赚不了钱，也没什么乐趣。"

我顺从地跟他去了位于沃克斯霍尔路的劳务中心（"不管是临时工还是固定工，那儿的工作都要体面些"），可我很紧张，导致打字时错误太多，没能通过考试。

"要么就去皮克·福林饼干厂？"

哦，皮克·福林饼干厂！也许对帕特里克而言，它就相当于伦敦的菲古雷蒂家。我怀念当初在伦敦的日子，想起帕特里克有些霸道的友善，想起他不断提起皮克·福林：黑巧消化饼，饼干工厂，甚至是厂子的生产场地，这个名字曾经不断纠缠我。皮克·福林饼干厂，以及别的一些伦敦地名，譬如图廷大道、北哈特菲尔德、水晶宫、高巴尼特 [1]，又满血复活，回到我的脑海中。

我喃喃道，"皮克·福林饼干厂"，知道帕特里克会做出回应。

"那就这样，皮克·福林饼干厂。那儿的活儿你干得来。"

· · · · · · · ·

1　高巴尼特（High Barnet）：英国伦敦的一个地区，位于查令十字西北十六公里处。

我没有采纳他的建议，而是去了布里克斯顿的一家邮购公司，应聘编写时尚服饰目录。面试我的是琼斯先生，见我翻着一本《猫头鹰在哀叫》，随意地说这书是我写的，他有些吃惊，当即许了我那份工作，然后递给我一本旧目录，好研究服装该如何描写。工作地点是间大办公室，与他人共用，每天朝九晚五。

听说会有"其他人"，我便打了退堂鼓，跟他说找到了别的工作。

我住处附近的南伦敦妇科医院一直在招勤杂工，我便应聘去病房兼职做杂役，但面试时，护士长却觉得我是"做护士的材料"，建议我申请护理培训。她说，三十岁左右的大龄学员更能投入地学习和操练，我定能成为一名出色的护士。当然我需要出具健康证明，不过那不是问题，我一看便是个健康、聪明、能干的年轻女人。

这个建议不错，再加上给她一夸，我便动了心。我约了去做体检，选的医生诊所便在附近，她的名字很荒唐，像是虚构的，出于众所周知的原因，我只透露其姓名首字母缩写，C. S.。体检到底没做成，都怪我自己蠢，透露了"精神病史"，C. S. 医生一听之下，登时满脸紧张恐惧，其中还夹杂着同情。她明确表态，说护理工作不适合我。她细致端详我，试图寻找长期囚禁的原因与"迹象"，我没说那是个"错误"，因为说了也于事无补。

她立时将我带到门口，可却身子一顿，也许稍感羞愧吧，居然这般惶急，且难掩恐惧之情。她说还真有个朋友想雇个女佣，做些轻松的家务活儿，或许我可以胜任，当然要在监督之下。否则的话，以我的病史，我的状态……

说罢便急忙送我出了门。

这次会面令我印象深刻，其实质就在那犹显虚构的姓名（C. S. 医生）里。我记得的伦敦地名人名中，它可位列皮克·福林饼干厂、图廷大道、塔夫内尔公园之侧，与这些地方的不同仅在于，它包含了一丝恐惧。

纠缠我的不仅是以帕特里克为化身的妥协之恶，我的过往也持续地投下暗影。若永不能讲出"自己的"故事，又如何能重拾自信？我知道，是时候为自己弄清"真相"了。

于是我请约翰·福里斯特帮忙，联系了精神病学研究所的迈克尔·伯杰医生。

同时我定下了一份工作，找到了一家文学代理商，还买了一本性学百科全书。

十四　几个问题

我在位于斯特雷特姆的富豪剧院当引座小姐（女性引座员的称呼会加个"小"字[1]）。每天上午十点半赶到剧院，为十一点的那场电影做准备。下午休息，然后上五点或七点的班，隔天轮换，有时两个班都上，下班前要例行检查，看有没有迷路的客人和丢失的财物，偶尔

. . . .

[1]　女性引座员英文为usherette，而男性引座员是usher，英文后缀-ette表示"小"。

厕所里会有新生儿。等一切结束，都已过了十一点。我努力劝自己享受这份工作，无疑它很能"开阔视野"，但有时这实在不是愉快的差事，譬如周六上午的儿童场你得负责满剧院的小家伙，周日下午得试图管住那些看性与恐怖电影的泰迪男孩儿和泰迪女孩儿[1]。中间休息时，还得做卖冰姑娘，绑个托盘在身前，带子挎在肩上，盘上摆满橘子水、巧克力冰和奶油冰，昏暗中到"备用零钱袋"里摸索找头，后来发现将两先令大硬币与新西兰半克朗弄混了，得自掏腰包补上亏空。同事与观众皆令我着迷。作为"处于成长期"的作家，我仔细"研究"他们，同时学习引座小姐的语言与行为。在县里影院引座是一回事，在伦敦郊区影院引座，则是跻身莱切斯特广场周围剧院的序曲，后者常常上演首映式，影星、导演与制片人会亲临现场，在正确的时间出现在正确地点的引座小姐，也许能给人注意到，过来同她攀谈，从而留下好印象，或许就能进军好莱坞成为明星，那才叫人生巅峰呢。这是与我共事的所有年轻引座小姐的梦想，蜗居在斯特雷特姆、布里克斯顿、克拉珀姆等地单人间里的人们无疑也始终怀有这个梦想。无论是真实还是想象，人们总会谈起某个获得成功的引座小姐："还记得她吗？……这才过去两年啊，谁能想得到？"

这份工作既辛苦又压抑。影院正迎来关闭潮，为宾果游戏厅所取代。富豪、ABC、奥帝安及高蒙的经理们

1 teddy boys and teddy girls：是 20 世纪 50 年代的英国青年亚文化，他们对摇滚音乐和 R & B 音乐感兴趣，所穿的衣服部分灵感来自爱德华时代的花花公子风格。

担心丢掉饭碗，每当新片上映时，便挖空心思花样百出地搞推广。有一周，门厅里回响着假狮子的咆哮，孩子们参与到匪夷所思且永不会赢的竞赛中，让我想起儿时大萧条期间影院安排的游戏，比如一个句子缺个字母，可从一些字母中选填，于我们而言，填对填不对就是生死考验。《弗兰肯斯坦之诅咒》上演的三周里，五花八门的民间传说混搅一处，门厅里展示着吸血鬼、火刑柱、银弹和弗兰肯斯坦模型。自始至终，淡茶色头发、眼睛喜欢向上瞧的矮个子中年经理似乎一日紧张似一日，而引座小姐却梦想着美好的好莱坞时光。

有天休班，我从《作家艺术家年鉴》中选了家文学代理商 A. M. 希斯，它曾代理过 E. E. 卡明斯的作品，据此推断，定会愿意接受试验写作，也就是说，一旦看中某位作家，便不考虑是否会赔钱。随后我赶往多佛街，去见 A. M. 希斯的佩兴丝·罗斯。办公室接近顶层，令人吃惊的是，室内凌乱不堪，手稿随处可见，堆在地上、架上，展示架、墙架、书橱和书架上摆放着护封依旧散发着光泽的新书。墙上挂着许多男女作家的照片，我一个也不认识。

佩兴丝·罗斯态度友好地跟我寒暄，她身着黑灰色衣服，有着灰色短发和灰色眼睛。

我的第一位文学经纪人！

她从塞满书的大手提袋里抽出本《猫头鹰在哀叫》。她说正在读，写得很不错，但恐怕普通读者不会感兴趣。若我同意请他们代理，他们会将书提交给英国出版社，也会通过在美国的代理提交给美国出版社，但我得有思想准备，出版社更喜欢手稿，而不是已在别国问世的书。她问我是否知道，根据我与佩加瑟斯出版社的合同，这本书带来的所有海外收入他们有权收取 50%？版税在我是遥远的事情，所以也就摆出"谁在乎?"的姿态一笑置之。

会面后我们一同走出办公室，走进镂空铸铁电梯，佩兴丝·罗斯说它像"出自卡夫卡的小说"。听见这话，我会意地喃喃道"是啊，卡夫卡……"很想表现得像个"作家"，好配得上办公室墙上那些令人敬畏的文学画像。

我搭 137 路公交车返回南克拉珀姆。

下一个任务我迅速完成了。走进查令十字路一家店铺，我买了一本大部头《性学百科全书》。橱窗上贴着广告，说书里包含"数百张图表与彩色照片。"

然后便准备下周去见伯杰医生。

我第一次在伦敦过夏天，天气酷热，空气中弥漫着刺鼻气息，人行道踩上去滚烫。去位于丹麦山的莫兹利医院见伯杰医生的那天，我先是沿克拉珀姆公园路和艾克道从南克拉珀姆走到北克拉珀姆，再沿冷港道穿过布里克斯顿到达坎伯威尔，途经一排排破烂的砖房。触目之处皆阴郁肮脏，一派穷苦气象；居民口音奇特，我在一家小店买了包薄荷糖，卖货的女人说"给您，奇爱的[1]"，"奇爱的"，口音居然这么重！女人们戴着头巾，满脸憔悴；男人们面色苍白，身材矮小，像是穴居动物；乞丐坐在人行道上，身旁放着帽子或铁皮罐，靠墙支着

. . . .

1 原文是 luv，是伦敦土话的 love。

123

张纸板，上写"参战受伤，双腿截肢""自小失明""生来残疾""有老婆和五个孩子要养"，希望能博得同情者的零钱。

我经过一家贴着"出售可食用马肉"字样的店铺。碰到报刊亭我便读读那里的启事，经过不起眼的小食店会看看粉笔写的菜单。我来到一个广场，中央是一片干枯的草地，草地四周稀稀拉拉有些灌木和几张长椅，环广场的路上车流来往，去到佩卡姆、森林山、伦敦中心和克拉珀姆。我沿街上行，走向莫兹利医院门诊部，希望能为盘旋在心中关于自己"历史"的问题找到最终答案。我的看法常遭礼貌的质疑，即便有人认同，也难免心存疑虑，所以我定要知道，自己的看法是否可靠，或者不过是再次自欺欺人。

第一次同伯杰医生会面，我发现自己又是老一套，用常年住院的事实吸引他的关注。我知道，听说我长期住院，接受过或计划接受极端治疗，人家通常会得出结论，我已无治愈的可能，而且估计会旧病复发。我知道，一旦了解到我的过去，陌生人会有怎样的反应。我也知道如何利用其反应来达到自己的目的。我总是被迫详细坦露"隐秘而真实"的自我，被迫寻求问题的答案，可若能在"真实的世界里"自信坦然地做自己，那么无须强迫，我会直截了当地回答这些问题。对我而言，如上事实均指向某种病态的自我否定。通常情况下，反复地震后，废墟下几无生命迹象，若有幸存者，他们首先得引起注意，不能等政府决定对城市的遗留物展开搜查，无论这是真实的城市，还是随风而动、一切取决于大海和天空的镜之城。

伯杰医生个子挺高，皮肤偏暗，面无血色，瞥视中露出高人一等的冰冷，言语中透着波澜不惊的英国做派。他跟我约了复诊时间。这次看心理医生激起了曾经的不快与恐惧；尽力吸引他的注意，观察他严肃的脸色，令我好不容易积攒的自信开始动摇。然而我清楚，要想发现"真相"，也就只能靠他，或者他与他的同事。

我继续在富豪剧院工作。口袋里的钱快花光了，每日午后休息喝咖啡时，听到年轻些的引座小姐说悄悄话，引座的活儿越发显得沉闷乏味。有个女孩同一位著名歌手上床，大家都觉得那人很完美，每晚电视上都能看见他友善的面容。她说那人答应给她份合同，说不定能成明星呢。另一个女孩听我说想当作家，便拿来她的诗给我看，我的目光从金色的月亮滑到六月，又凝视她的爱人如天空般湛蓝的眼睛，我感到畏缩，可旋即想到自己的种种经历，心想也许没有畏缩的必要。

爸爸有时从奥马鲁寄来一卷五先令一张的邮政汇单，每张购买日期都不同，是在货币管制时期"节省"下来的。芒格努伊山的林肯小姐也寄来一卷同样面值的邮政汇单。

每周都有一个晚上，我和帕特里克·赖利不用上班，于是就像刚到伦敦时那样，两人去公地散步。此时秋日将临，脏兮兮的夏天总算决定退场，灰尘扬起，树叶渐渐枯萎，太阳似乎突然充血，在悬铃木日渐清晰的枝干间穿梭，与这座城市如影随形。不要多久，公地上的草便会稀疏泛黄，没有希望继续生长。

我再次去见伯杰医生。我不断融入伦敦的四季，说起话来，仿佛自己便是这座城市，我已疲惫不堪，向往冬日来临。我谈到了自杀的念头。我随时会吐露这种想法，因为当真正的沟通之路杂草蔓生，若想他人采取行动，这是最便捷的途径。我知道自杀的念头必须受到重视，知道只有未受过专业训练的人才会不以为然，他们事后也许会后悔，但当时对此行为及其可能性却能坦然接受。坦然接受，安慰你说情况良好，这种态度足以令绝望之人断然行动，因为若想绝望为他人所知，舍此已无他法。

伯杰医生认为我应该入院接受观察与检查。我的计划成功了，我的疑问将得到解答。恐惧是难免的，但我觉得，这家精神病学研究所闻名遐迩，应该比新西兰的医院强很多，应该有一批经过严格专业训练的医生，在全面了解每个病例后，做出彻底细致的诊断。而且，与新西兰不同的是，这个"病例"会有机会说话，提供第一手信息。我对这一切抱着极大的期望。

得到伯杰医生准许后，我回到南克拉珀姆的住处，收拾了几件个人物品。我跟帕特里克说明情况，他提出我住院的六个星期，箱子可以放在他房间。虽然内心恐惧蔓延，我却认为此举实属必要：这次定要找出"真相"。

十五　调查与诊断

入院前，我并不知道在莫兹利医院会遇到什么。这所医院令我大为惊叹，至今心中犹怀感激之情。当时医院医护人员人才济济，许多护士来自欧洲、非洲、爱尔兰、西印度群岛，还有一两个是新西兰人。入院观察部的护士病人比是一比五，日常杂务由病房女护工、厨房女佣及厨师负责，护士只做专业护理。记得在新西兰锡克利夫医院的后楼病房，护士是禁止与病患谈话的，这是两位如今已退休的护士后来同我讲的。而在莫兹利医院，我惊奇地发现，为了了解病人情况，与其交谈是护士的职责，否则如何能做出正确的诊断呢？令我印象深刻的还有，医生每周会数次看诊，起初甚至是每天一次，而在新西兰，无论患者在医院待了多少年，医生只在入院、出院时询问病况，中间偶尔会蠢蠢地打个招呼。在莫兹利我毫无抱怨的理由，因为做出决定前，不会没人花时间费工夫同我交谈，试图了解情况。莫兹利还有许多标准"测试"为诊断提供依据，对此我在新西兰住院时闻所未闻，至少没人去做。

拥有主管医生和护士似乎很奢侈，甚至感觉自己在惯自己。我的主管医生叫阿兰·米勒，是个年轻的美国大学毕业生。在频繁的交谈中，我将自己的过去，除了很多无法说的，都坦露给他。莫兹利院方已从新西兰得到了我住院期间诊断、治疗和预后的详细情况。

米勒医生高大结实，他似乎感觉到英国冬天将至，看上去穿了好几层衣服，益发显得身材魁梧。他很担心自己的体重。我们谈话时他经常吃巧克力棒。闲时他会拉中提琴自娱自乐。每年他都会跟巴勃罗·卡萨尔斯[1]

. . . .

1　巴勃罗·卡萨尔斯：杰出的西班牙大提琴演奏家。

通一次信，对此颇感自豪。他来莫兹利工作一年，妻子、孩子和福特房车也一并带了来。他常常哀叹，这一年很快就要过去了。虽然精神科医生很少跟病人聊私事，米勒医生却大谈自己，从不掩饰情感和观点，与英国医生形成鲜明对比，后者严肃冷静，总是盯着你看，皱着眉头半笑不笑地蹦一句，"嗯，我知道了"。有这么一位医生令我心存感激，因为他敢于承认并道出负面想法，说他毕竟是普通人，对有的病毫无办法，装作是神也改变不了什么。米勒医生真是充满热情！他说："你从未得过精神分裂症，那可是个麻烦的病。"然而，判断并不能仅凭主观，得依据检查与观察结果，依据伯杰医生领衔的团队与我的交谈，而所有结果都得提交给由院长奥布里·刘易斯爵士主持的会议。我为米勒医生的热情所感染，积极配合多项心理、身体检查。我做了第一次脑电图，按常规，这项检查多年前就该做的。米勒医生一拿到结果，便忙不迭地告诉我，他一贯如此。他说我的脑电波"正常得不能再正常"。听了这话我却惶恐不安，因为长久以来，我自以为同梵高、雨果·沃尔夫有某种亲缘，多年前那位英俊迷人的年轻讲师令我难以忘怀的话"想到你，我便想到梵高，想到雨果·沃尔夫……珍妮特，折磨你的，是内在灵魂的孤独感……"曾令我绽放，而如今这种想法给彻底击碎了。

最终，我被叫到谈话室，医疗团队坐在长桌边，奥布里·刘易斯爵士坐在上首。经开会研讨，医生们已经得出结论，与我交谈几分钟后，奥布里爵士给出了最终裁定。他说我从未罹患过精神分裂症，因此根本不该被精神病院收治。我如今的一切问题大都是住院导致的恶果。

"谢谢您!"我羞涩地笑着说,好像获奖般正式。

过后,米勒医生获胜般再次告诉我裁定结果。我还记得他满脸欣喜,在椅子里扭动着庞大的身躯,那好几层衣服似乎令他活动不便。

"英国太冷了,"他说。"我穿了厚羊毛内衣。"短大衣、紧身裤这些最新时尚愈发让他难受。之所以清晰记得,米勒医生为抵御严冬穿了多层衣服,是因为我穿了十二三年的那件衣服,也就是精神分裂症,给一下子剥掉了。记得当年初闻诊断时,我试着念这个词,心中充满惊奇与恐惧,翻看心理学书籍和医学词典寻找其含义,起初不肯相信,到后来屈从于"专家"意见,只得接受"事实"。虽然因此陷入痛苦与惊惧,却发现未曾想到的温暖、舒适和庇佑,我渴望摆脱这个诊断,可并不想同此病断绝。虽然有时并未穿在外面,我却随时将它带在身边,一旦需要便迅速套上,以抵挡残酷的世界。如今它不复存在,毁灭它的不是我,也不是我对"真相"的不断恳求,我真心不愿失去它的庇护;它遭到专家正式判断的驱逐,我再也无法向它寻求帮助。

这损失太过巨大了。最初,事实似乎比谎言更加恐怖。作为一种精神疾患,精神分裂症乃是成全,为患者免除了普通人的责任与义务。我似乎失去了亲人。我感到万分羞愧,我又"没病",怎能那么直接地请求帮助?从前,情势所需时,我能狡猾且无奈地从作家变成精神分裂症患者,如此往复,而现在却再也无此可能,那么该如何解释自己的现状呢？虽然自尊遭到了官方定论的剥夺，医护人员的态度却让我放松下来。正如路易斯教授所说，我的确需要专业帮助，以消除常年住院的不良后果；我依旧可以住在莫兹利，同米勒医生的谈话照常继续。我的生活经历他已有所了解，因此谈话大多涉及当前的日常，这种治疗相当随意，现在与过去的烦忧之事无所不包。我们仿佛平静地划过湖面，望着萤火虫，望着水面反射的日光，通常让久已死去的人安息，让新近发现的死者沉入湖底，而那湖水只一时浑浊起来，继而恢复清澈与宁静。交谈中唯一经久不解的难题是，失去了精神分裂症令我恐慌，我不愿放手，这点我不肯承认，也难解为何。出于习惯和对温暖的渴求，我难以遏制地想，也许它依旧在那儿，也许它会伴我一生？

那个冬天，我像茧中蚕般栖身于莫兹利温暖的怀抱中，同护士、病友及厨房女佣吉尔达成为朋友。吉尔达是德国人，对谁都热情相待，常笑着对我说："哦，珍妮特，我亲爱的孩子。"[1]

我听说，医院人员满编的日子确已过去；不过，五十年代末，医护人员均具备高素质，外籍医生护士将本国文化带入工作中，形成了多样化的新局面。莫兹利医院管理层的长处与智慧凸显出来，一个特别的例子是，他们特意雇佣患有身体残疾的医生，而正是这些人更容易与病患沟通。

我打算离开医院，接着过"自己的生活"。时值初

- - - - - - - - -

1　此处德语、英语相杂。

春，偶有雪暴来袭。伯杰医生跟我讲，"找到固定工作"前，他会同图书管理员贝尔小姐说，在医学图书馆给我找份活儿。他这般直截了当，无视我的意见，让我很不舒服。众人皆知，我在新西兰出过两部书，想当专业作家，可没有证据表明，我能在严苛的伦敦出版界闯出一番天地。从 A. M. 希斯的佩兴丝·罗斯那儿得知，超过五十家英美出版社对《猫头鹰在哀叫》赞誉有加，但却不肯出版。闻此我有些沮丧，但却不肯放弃自己的"诗学"立场，于是便去医学图书馆工作。还没几天，人家却说我"不合适"。伯杰医生得知后，便让我到大脑博物馆给医学论文编目。大脑博物馆！独自工作真是幸福啊，我花了好多天整理医学杂志，陪伴我的只有玻璃展示柜，里面放满经过防腐处理贴上了标签的肿瘤及大脑组织。我仔细研读医学杂志，发现 ECT（电休克疗法或电惊厥疗法）颇受推崇，因为它能激起病人的"恐惧"，而某种程度上恐惧是有益的，是意外之喜；哼，那是对精神病学医生而言，对病人绝非如此！坐在贴着标签、装在瓶内的脑组织中间，我竟大胆地幻想能拥有精神病学医生的特质，心理强悍，行事谨慎，不断审视考验自己的人性。一旦丧失人性，他们便会感染精神病学、政治学及其他专业的流行病毒，即自诩为上帝，从而变成操纵权柄的政客。

我在大脑博物馆里写了一首诗：

> 多布森先生的肿瘤，一九五五年。
>
> 无法穿过谢顶的头颅看到它，

无法在其阴郁的脸上看到它，

无法在其狂叫中听到它说话，

虽然毒牙喷吐词语，非理性地蛇般绽放。

最后的年月他藏身悬崖下，

崖壁上爬满圆形甲虫，阳光炽烈燃烧，某天

轻飘飘的岩石滚落，多布森先生气绝身亡。

火化安排在戈尔德斯绿地[1]，告别仪式

在私家小教堂内举行，人们庄严地颂扬他的美德

（邪恶暂时无关紧要，被满溢的悲伤掩盖）。

未亡人租下教堂一处壁龛存放骨灰，

将花圈费捐给肿瘤研究。

可是葬礼上的人们做梦都无法想到，

焚烧掩埋的多布森已经少了些什么。

又一张幻灯片，又一个笑话。夜色降临。

人去屋空。刷过清漆的家具上贴着一层层寒冷。

又一件贴上标签置于瓶内的东西

放在文件、病历凌乱的桌上。

三年来它不断吐露多布森的死因：

我吐出信子朝上帝啐唾沫。

在福尔马林里我的威望发胀。

多布森死了，他的肿瘤也就是我依然活着，

一九九五年。

. . . .

1　戈尔德斯绿地：伦敦的一个地区，在行政区划上属于巴尼特伦敦自治市。

在大脑博物馆工作了两三周后，我决定每天请假离院去找住处。我不愿跟帕特里克·赖利住同一栋房子，因为他好像是位自负的家长，威胁着要左右我的生活，当然这是我无意间自己惹的。他定期来医院探望，每次都谆谆教导，极言世界如何凶险，性尤其如此，因为他发现了我个人物品中那本《性学百科全书》。他挥舞着那本书，斥责我是堕落的女人。"没谁该这样了解身体的。瞧瞧这些图解同照片！"

他翻开书，指着一张女性性器官的图解。

"女人真长这样？"他问道，随即自问自答，"鬼才相信呢！"

他说得激情澎湃："这书今晚就得丢进垃圾箱。"

那天，在米勒医生的配合下，我跟帕特里克说，他最好再不要来看我，很快我会去美国，那儿有些朋友。

无人鼓励我继续写作，这令我感到沮丧。即便如此，我依然希望能有写作时间，因为社工帮我申请了初始国家援助金，这笔钱可以一直领取，直到像伯杰医生再次指出的那样，我的情况稳定下来，能找着份"固定工作"。于是一个冬日下午，我外出找房，心中泛起自怜与孤寂。令我愈发悲哀的是，米勒医生即将回国，另一位医生会到门诊部负责与我交谈。我搭上公交车沿坎伯威尔路向乔克农场驶去，心里同自己讲，会在那儿找到住处的，地图上显示，那儿离樱草花山不远。住在那儿定是非常惬意！乔克农场附近也许有个荒弃的采石场，周围是一大片耕地，春天时樱草花开得烂漫。

汽车左转右转，经过大象城堡[1]和西敏寺，绕过特拉法尔加广场[2]，接着沿查令十字路上行，进入托特纳姆法院路，再经过古吉街站、莫宁顿站和卡姆登[3]，一路驶去，窗外的景象逐渐变得乏味阴郁。车终于达到乔克农场站，就我所见，道路一侧是堵高高的砖墙，遮挡住从尤斯顿、国王十字或帕丁顿延伸而来的铁道线，另一侧排列着几栋破败的砖结构房舍。我在乔克农场站下了车，掉头返回肯特镇。走到福特斯街时，误将它认作"福特里斯"[4]街，才拐进去，迎面便见到"房屋出租"的牌子。

有地方住了。

那是一栋老房子，每个房间都当作单人间出租。我租了一间地下室，租金挺便宜。房间很脏，家具破破烂烂的，窗玻璃碎裂后换上了金属网，伦敦带着冰冷雪意的风呼呼地灌进来。我的单间旁有间小前厅，其屋顶有洞，而屋顶便是与路面平齐的人行道。煤炭及其他物品可从洞口投入。透过临街的窗望去，可见行人与狗的脚，听到车轮之声。那间屋我只待了一周。那栋房子没暖气，很是寒冷。房东未交电费，导致有天断电，我四下走动查看，发现其他租户尽皆穷困，房间里人满为患，潮湿、寒冷、黑暗，再加上臭虫，弄得人人抑郁愁苦。我走到

1 简称为象堡，是伦敦市中心的一个主要道路交界处。
2 英国伦敦著名广场，坐落在伦敦市中心，东面是伦敦城，北接伦敦的闹市索荷区，南邻白厅大街，西南不远是王宫，适中的地理位置和美丽的广场建筑，使它成为伦敦的名胜之一。
3 卡姆登市场位于摄政运河旁，到处挤满了时装和古玩店。该区域是反文化的避风港，深受游客、青少年和朋克族的青睐。
4 Fortress 与 fortress 易混。

楼上，看到一间与街同高的房里有个女人，便同她攀谈起来。孩子在床上熟睡，她坐在床边，几十个布娃娃头堆在身旁，本来正细致地在娃娃空白的脸上画眼睛，可这会儿没了光，她只能停下手里的活儿。

地下室一片漆黑，摸索着打字实在白费气力，于是我便跑到街上打算另寻住处。刚出门就发现街对面有屋出租，我心头一喜，虽然那只是一套公寓里的一间，招租广告却写得颇为诱人。我心想运气不错啊，便立刻上前询问，要求看房。人家带我上了三楼，那间小房对着走廊，走廊尽头是厨房与卫生间，虽然窗子对着北伦敦典型的砖墙，令人心里发堵，但我立即决定租下，毕竟可以迅速从街对面的地下室搬过来。也许同在伊维萨是一样的吧，我再次误读了信息，本以为自己是小公寓唯一的住户，可等喜滋滋搬进来收拾停当，正感慨于自己的好运，却听到一个、两个、三个人走进来，在公寓里活动。狭窄的走廊上还有三个小房间，我的只是厨房过来的第二间，自己怎会漏看这点？我走进厨房，发现三个女人正各自忙着做饭。简二十岁出头，是个老师，一头金发，人很俏丽；格洛丽亚满头黑发，是坐办公室的；米莉森特是一家工业企业的图书馆馆员。米莉森特主动上前给我一一做了介绍。我说我是作家。她们问能否看看我写的书时，我说再说吧，也许会给她们看。我不大愿意提书名，因为自从那书写好出版后，已经发生了太多事情，我开始觉得那书在解体消融，要不了多久便会化为乌有。虽然我知道字词、想法及其表达会消失，却未意识到已出版的书会如此脆弱，还以为其形态、存在和印数能赋予它力量、分量与永恒。可如今，连书名都开始隐退，少有人提及了。

在新租下的房间里，我又恢复了作家的生活，每天上午坐在桌前试图写作，眼睛望着肯特镇令人压抑的砖墙。每周我会回一次莫兹利医院，同米勒医生见面，每次都意识到再有几周他便要离去，因此心情比上一次更加灰暗。直到有一天，他向我介绍继任者博尔什医生，我的心猛地一沉，因为与米勒浑厚欢快的美音相比，此人脆硬的英国口音显得甚是古怪。米勒的口音我早已熟悉，那是多年来观看好莱坞影片的结果。我真不知道该如何与博尔什医生交谈。

出院后，我与诗人本联系上，他把我介绍给他的朋友劳伦斯。劳伦斯刚从美国回来，在那儿住了十二年。同我一样，本和劳伦斯都无固定工作，而且二人又住在肯特镇北，所以养成了习惯，每天上午去城里时，都会到我的公寓"串串门"。所谓上城里，其实是去索霍区几个经常光顾的地方，同一些无业的诗人、画家碰面，然后去法国咖啡店闲坐聊天。那家咖啡店的主顾总是不无骄傲地指着一个人说，那就是大名鼎鼎的铁脚杰克[1]，他曾是或者依然是著名的黑帮成员。通常我会给本和劳伦斯弄杯咖啡，想想不愿面对肯特镇的砖墙，便同他们一起去索霍。我在那里遇到了各色人等，个个胸怀大志，不是写作，便是绘画或作曲。与他们相处令我自在，可也令我伤感，因为他们的梦想始终只是梦想。他们大谈

· · · · · · · · ·

1　出生于澳大利亚的英国夜店老板。

创作计划，可心里清楚（我同样清楚），说归说，梦归梦，他们的作品仍在单间或散发煤气味的小公寓里，孤零零无人问津。那堵肯特镇砖墙并非我写作事业唯一可怖的敌人，梦想总是容易的，虽然我不愿透露自己的梦。我定期购买各类文学周刊和《伦敦杂志》，该刊正登载题为《来到伦敦》的系列专题文章，记录著名作家初到伦敦的经历。我兴致勃勃地阅读他们同编辑、经纪人、出版商的交往，脑中构思自己那篇《来到伦敦》的文章。某天我会写出来，里面随处都有遇到的诗人与小说家，还会漫不经心地提到我的"出版商"（最好是费伯出版社）："某一天，同出版商共进午餐……"

我的确怀揣梦想。

劳伦斯开始将我视作他的"女孩儿"，我没否认，却也不冷不热，既拒绝再次置自己于怀孕的危险中，又乐意与他赤裸相对，感受爱抚也给予爱抚。渐渐地，劳伦斯频繁在早上八点半造访，米莉森特表示不满，简也认为我不该一大早就接待男人。格洛丽亚住在最里面的房间，与其他人隔开了距离，她也"接待男人"，所以很能理解我，我们像姐妹一样，聊了很多悄悄话。白天我和劳伦斯照常去索霍，然后便去"泡画廊"，观赏每间画廊的新展品。他说这是他的责任。若没人担起看新画的职责，它们便只会挂在那儿，也许有人瞟两眼吧，却没人会认真。自己的作品人家不屑一顾，这会让画家很堵心。劳伦斯说，画作本身也会难受。只要好好欣赏十到十五分钟，便足以令遭弃的画作重燃生命与希望之火，借此令独坐画架前的艺术家重获新生。

通过本和劳伦斯，我结识了很多混迹索霍的"圈外人"。柯林·威尔逊[1]的《圈外人》出版走红后，"圈外"状态颇受推崇。这与新西兰的情况不同，在那里，社会认可的是"圈内人"；不过，有了"圈外"的威望，就等于成为"圈外"的"圈内人"……我光顾了不少下等夜店，为了进去还申请了当夜会员资格。我遇到了些妓女和男妓，倾听他们的故事时很失礼地张大嘴巴。"生活经历"的增长令我欣喜，很多场合下我都曾说："我坐在五十二街的一家低等夜店里……"。

不过，我为自己选定的方向异常明确，不容太多耽搁。是时候潜心写作了，难道不是吗？狄兰·托马斯的诗句立刻涌上心头：

> 当词语失效，我痛斥自身的贫穷和技艺，
> 我身体的大皮囊和丰年流血的饥腹
> 此刻我已歉收了三月有余……[2]

才三个月他便陷入绝望！也许我不是"真正"的作家？怀疑再次袭上心头。我那般渴望踏上往来于镜之城的旅途，难道不过是种变态心理？唉，为何要夺走我的精神分裂症？它曾是我一切自我质疑的答案。一如李尔王，

- - - - - - - - -

1　柯林·威尔逊（Colin Wilson, 1931—2013）：英国作家、哲学家和小说家，撰写了大量有关真实犯罪、神秘主义和超自然现象的著作。威尔逊称他的哲学为"新存在主义"或"现象学存在主义"，并坚持认为他的毕生作品是"哲学家的作品，其宗旨是创造一种新的乐观的存在主义"。
2　出自狄兰·托马斯的《当词语失效》，译文选自海岸、傅浩、鲁萌译：《狄兰·托马斯诗选》，河北教育出版社，2002 年，第 130 页，有改动。

我四处漂泊寻找"真相"，到头来却一无所获。"没有只能换到没有。"[1]

米勒医生认为，既然见了面，我就该开始接受博尔什医生的诊疗。于是我们简短道别，互祝好运。我心中再次泛起曾有的痛苦，感到在世上孑然一身；几个月来，在这灰色的世界里，大地失去了色彩，伦敦人的脸也光彩尽失。以这种心情去跟医生谈话何其荒谬，我怀疑自己有无交流能力，况且第一次谈话时，这位医生居然大谈即将开打的重量级拳王争霸赛，还问我觉得弗洛伊德·帕特森[2]是否会赢。我知道他故作欢快是出于好意，或许也想展示他兴趣如何广泛。他还聊了些其他的，但都离我所关心的事相去甚远。我深谙精神科医生的路数，登时认定他这套是特意设计的科学方案，可总觉得他每句话都不着调，这促使我道出自己异常行为中最具震撼力，也最能引起关注的几种。结果是，他建议我入住北伦敦一家医院治疗。于是，第一次谈话结束且米勒医生离开医院后，我便拿了一张该院的入院表格，离开了莫兹利。

翌日下午，我乘公交车去"查看"新医院，当时的情形历历在目！那是一辆高巴尼特的公交车。彼时，高巴尼特这地名带有浪漫的意味：高巴尼特、图廷贝克、

· · · · · · · ·

1　出自莎士比亚《李尔王》第一幕第一场，说话的是李尔王。译文引自《莎士比亚全集》第五卷，北京：人民文学出版社，1994年，第430页。

2　弗洛伊德·帕特森（Floyd Patterson，1935—2006）：美国职业拳击手，1952年至1972年参加了比赛，并在1956年至1962年两次获得世界重量级冠军。

弗里恩·巴尼特[1]……公交车到达伦敦郊区，突然满街都是绿色公交车，而红色公交车不再往返于伦敦中区，而是从伦敦外城东部绕向西部，南部绕向北部，仿佛在否定伦敦这座大都会的存在。这里靠近高巴尼特，街道两侧是独栋或半独栋住宅，来往的人比内城稀少很多。再往前走，就在街角附近，我看了那家推荐给我的医院，一座高大的灰石建筑，森森然有压迫之感，像旧日的感化院或监狱。一阵恐惧席卷而来。我竭力压抑内心升起的慌乱，对自己说要镇定。我没必要去那里。我得牢记那场调查与最终判定，而不是折回头，相信过去曾相信的东西。我该坦然地回到肯特镇，面对砖墙继续书写。然而，"我的故事"又能跟谁倾诉呢？一阵寂寥汹涌而至，穿透我的身体。也许当初就不该去国赴远。我并不向往新西兰的某个地方，而是痛苦地怀念普通人家前花园里枝叶芜乱的巨朱蕉，渴望见到并触摸长满金色高草的山坡。

坐在公交车上，我仿佛再次回到童年，彼时记忆模糊难辨，唯觉它们属于"从未照耀过海洋或大地的光"[2]，那光的世界是《启示录》谈及的世界，是托马斯·特拉赫恩[3]之《冥想世纪》谈论的世界。在那里，"永恒显现

． ． ． ． ． ． ． ．

1 弗里恩·巴尼特（Friern Barnet）是巴尼特伦敦自治市内的一个郊区，位于查令十字路以北约十二公里处。
2 出自华兹华斯诗作《自然与诗人》，收于《英诗金库》，为第 276 首。
3 托马斯·特拉赫恩（Thomas Traherne, 1636—1674）：英国诗人、国教教士、神学家和宗教作家，其最著名的作品是《冥想世纪》，是对基督信仰、生活、哲学、幸福、渴望和童年的反思。

在日光中","那座城似乎立于伊甸园中，或建在天堂之上。"[1]那一刻我的孤独感开始消退，因为我提醒自己，世上没哪儿会像伦敦这样诗人云集，费伯出的厚、薄诗集，杂志刊载的诗作，其作者便是伦敦街道上行走的男女。他们走进书店买书，或只是过着普通人的生活，睡觉、相爱、吃饭、交谈，再就是写诗。

也许他们并不知道，正是他们陪伴着我，用呼吸温暖着我，驱散了我心中的悲伤。

十六　考利医生与充裕的时间

乘公交车去了趟高巴尼特，回到家我清醒过来，感到后怕。接下来的那周，我再次住进莫兹利医院。这回，精神分裂症已派不上用场，只得在平凡的自我身上查找原因，来解释焦虑与痛苦。更重要的是，其他人，也就是真正的"专家"们知道，我可以拿来做解释的，只有平凡或超凡的自我，而且，这是我成年后首次获得此类机会。这样的前景看似奢侈，但现实本该如此啊。我知道，很多人活着、死了，却从未品味过这种奢华。我不明白，是何种深邃的洞察力驱使顾问医师伯杰大夫竭力帮我发掘自我，或许这只是他不耐烦的表现？我又算得

1　此两句出自《冥想世纪》一书第 3 世纪第 3 小节，参看 Thomas Traherne: *Centuries of Meditations*, Bertram Dobell ed., London: P. J. & A. E. Dobell, 1927, p. 153。

了什么人，能拥有看清自己与世界的特权？心中些许执拗、些许坚持一直在追求这种权利，直到最终，环境、偶然、天意与好友，这些因素结合起来，令我得以明白，试图讲述自己是一种奢侈的痛苦，要求并接受"真相"也是一种奢侈的痛苦。

伯杰医生将我分配给一位刚获资格的精神科医生，他之前研究动物学和数学，所以比一般初级住院医师年长，也更有经验。然而我发现，对莫兹利来说，差异是司空见惯的，这里的座右铭也许应该是"全方位关注多样性"。我想当时能接受考利医生，是因为自己意识到，他的视野更为开阔，对很多研究与学科都有所了解，个人经历也很丰富，当初很快便接受了米勒医生，也是因为知道他热爱音乐和艺术。医学与精神病学从医资格不过是这类人能力的拓展，并非其起点与终点。此前我便觉得，博尔什虽是称职的精神科医生，但也许他该将生活置于精神病学之上，而不是将精神病学置于生活之上。

我还欣喜地发现，考利医生同我一样关注"当下"，对阐释过去的理论兴趣寥寥。我们的交谈大多从"算账"开始，审视我的情感、个人甚至是财物预算，目的是令所有账目持平。如此我便能生存下来，尽管要面对很多，比如长期住院期间被迫丧失的一切，比如之后活在被自己及他人灌输的、关于自我的错误看法里，比如现如今经过调查及判断后那种突然降临的极度自我贫乏感：我觉得自己并非自己，这种荒废感会导致曾经体味过的虚无。

我知道在考利医生的眼里，我是个难缠的病人，对精神病学甚为抵触，除了荣格还稍能忍受外，对其他大神均不买账。不过他也清楚，同我的谈话并非是个幌子，只为验证他所持有的某些理论。第一次谈话时，他拿出纸笔做记录，似乎要记下我说的每个字，有时头都不抬，这令我局促不安。开始我话很少，后来，我想他是忍不住了，便找茬般地同我"交谈"起来。然而，考利毕竟不是米勒；既然我教导别人，说差异很重要，那么自己首先就要接受别人的不同，于是我对自己说，这就是考利医生的"路数"。我猜他以前或许挺害羞。跟博尔什与伯杰医生一样，他的"英国"口音老远听到会令人遍体生寒，但切近时却吓不到我，因为他没攻击性，为人处世极礼貌，笑容充满善意。这一切与其说是给我的礼物，倒不如说是他的自我保护。我觉得他人聪明却不自信，交谈中，他唯一成功做到的，便是准确地记录。遇到感冒时他会吸鼻子，然后像魔术师摸出道具般掏出条白色大手帕擤鼻涕。他戴一副黑框眼镜，我觉着应该是远视镜，看东西时会放大。他穿着正式，像办公室白领，脚上的黑皮鞋擦得锃亮。

我在医院住了几个月。只要考利医生觉得已经治愈了我的病，我便会立刻表现出紧急症状，不是惧怕遭到抛弃，就是尚有问题未敢言明。所幸时间充裕，考利医生也不厌其烦，他终于让我坚信，我就是我自己，一个成年人，自己的言行无须向他人解释。他说，那些"你应该如何"的日子一去不复返了。你应该去这儿去那儿，应该这样那样，应该干这干那，你"应该"，你知道的，这是为你好！一辈子活到今天，大约因为伪装自己，于是沦为那帮人的目标，他们口里叫嚷着"你应该"，偶尔还会发号施令，说"你就得这样，否则的话"。是时候重新开始了。

兴许，我早已察觉将有新开端，而且力图促其到来，就在前一年夏天，我改了姓，并登记在必要的文件上，也拿到了新护照。

考利医生评估了几个月来的谈话，毫无疑问，他是据此得出如下看法的：我当真需要写作，写作就是我的命，最能切实帮到我的，是申请按周发放的国家援助，有了这笔钱，我就能住在医院附近，我们的谈话便可继续。他还认为，我显然尚未摆脱在新西兰常年住院的恶劣影响，应当写下那段时间的经历，以便更加清晰地展望未来。多年来人们不断催我"走出去与人交往"，可考利医生的态度却相当明确：对我而言，最理想的生活方式是独居写作，倘若这真是我所愿的，那么就要抵御他人"融入他们"的要求。我从来就不是不能在"现实世界"中生存，怕只怕那种生存剥夺了我"自己的世界"，剥夺了我往来于镜之城的旅程，引导这旅程的，要么是无时不在的信使（Envoy），要么就是我自己。

康复取得了进展，我准备回到"现实"世界，以我的身份去生活。时隔数月后的一天，我再次外出，在坎伯威尔区医院附近寻找住处。我已办理了出院手续，每周将收到国家援助。做出这些安排的，是顾问医师伯杰大夫主持的团队，会同考利医生与一位社会工作者。考利医生每周仍会跟我见面谈话。如今我很信任考利医生，因为在他的悉心关照下，我不但见证了自己的改变与成长，也见证了作为精神科医生的他变得更加自信。我觉得，在按照精神医学要求的方式实施治疗前，他总是对人的精神尊重有加。考利医生还有一点影响了我，那就是他始终坚持做"自己"，而不是硬要符合精神科医生的"形象"。他不以医者自居，不装腔作势，谈及我的写作时，会谦卑地承认，"你知道的，我可不懂文学"，颇有毛姆小说中老派人物的风范。

我希望，自己不再凭"精神分裂症"寻求安慰、获取关注、得到援手，我就是我自己，我将再次踏上写作旅程。

十七　格罗夫希尔路与作家的生活

我在坎伯威尔区格罗夫希尔路租了间房，租金每周二十七先令。那是间二楼的前室，颇为宽敞，房主是泰德·摩根和琼·摩根夫妇。他们的女儿麦拉和中年房客蒂莉住三楼，而我的房间紧挨主卧，有个小厨房只供我与蒂莉使用，二楼的浴室和卫生间是大家共用的。我的房间临街，有一个大镜柜，一张梳妆台，一张铺着绿白格子油布的大餐桌，想起这张桌子我至今感到温暖，因为多数时间，我在它的一端写作，在另一端吃饭。座椅有两张，一张是厚实的扶手椅，两只宽大的扶手装有软垫，铺着花式盖布。再有就是一张老旧的折叠床，中间已经下陷，床垫里这儿那儿尽是一坨坨硬邦邦的木棉。此外，还有一个弃用的壁炉和一部煤油取暖器。

起初，摩根太太有些慌，因为发现这位租客竟"终日足不出户"，这可是房东们最讨厌的类型。阅读报纸招租栏或烟草店窗上招租广告的人都知道，房东最喜欢"职业女性……都上班的夫妻……白天不在家""周末外出"，再就是通常不租给"带孩子的、养宠物的、有色人种或爱尔兰人"。

我跟他们解释说自己在写书。

"哦，你是记者啊。"摩根先生语气中多了丝尊重。

"啊，应该说是作家。"

"就当你是记者吧。"

他四十岁上下，衣冠楚楚，上衣扣得一丝不苟，更显得潇洒倜傥。他生得英俊，留着秀气的八字胡，给人值得信赖的感觉，很符合他电视销售员的身份，可我却觉得他像个骗子。琼三十五六岁的样子，身材不高，肤色暗淡，显得精明强干，同妹妹在"格林[1]那边"联手经营一家美发沙龙。麦拉每天下午在我房间下面弹琴，她正处于英国人一生中的关键时期，即所谓"十一岁加[2]"，考试即将来临，会决定她如何"分流"，是进文法学校呢，还是进综合学校或女子文法学校[3]。麦拉的父母跟我讲，将来她会成为一位聪明的记者。

"你该看看她的文章，很有才华的。"

· · · · · · · · ·

1　格林（the Green）：伦敦地名。

2　eleven plus：旧时英国十一二岁学生参加的考试，以决定是否能够进入文法学校。

3　女子文法学校（high school）：这是旧时英国的一种中学，同美国的高中（high school）不同。

146

房客蒂莉年近六旬，在通用电气工厂里组装电气设备，一早出门上班，很晚才回家。跟我遇到的某些伦敦人一样，她对战争的记忆已变得温润和煦，可以娓娓道来。她有着相似的经历：某天回家时，发现那条街和家里的房子被飞来的炸弹，也就是"飞弹"摧毁，家人也尽数罹难。她也常谈起"战后抵免税"，说政府迟迟不肯支付。她在厨房里边炒鸡蛋或羽衣甘蓝边说："要是拿到了那笔抵免税，我就不会过成这个样子。"政府耍弄了她，她深感委屈，对背叛行为变得甚为敏感。听医生说，要想缓解关节炎，最好切去一个脚趾，这令她觉得，背叛行为居然扩大到了身体。

蒂莉做得一手好针线活儿，踩起缝纫机来呼呼响，麦拉好些衣服都是她做的，她也给我缝了条羊毛裙。"就英国这冬天，你用得着的。"

摩根一家对我的收入来源颇感兴趣，这也挺自然。起初我并未透露，每周我从一本国家援助支票簿中领取三英镑十七先令六便士的补助。六个月后，会有国家援助监察员前来造访，决定那本支票簿是换新还是取消。来之前，你会收到邮局寄来的开窗信封，通知你"主管部门官员将登门造访"，并列出日期和具体时间，"届时请保证在家予以接待"。这家人的信件都是每天一大早投入前门信箱里的，于是，估摸着国家援助委员会来信，为了秘密不至泄露，那天我便特意第一个去取邮件。然而有天早上我还是晚了，信件已经给摩根太太拿了回来。我见她瞥了一眼那再好认不过的开窗信封，那么大的窗口，里面的内容能看到不少。我一下子哭出来，说："那是我的信，我是吃国家援助的。"

秘密终究没保住。

可令我吃惊的是，摩根太太竟惨然一笑。

"我想如今你也知道我的秘密了。"

"不知道啊。"我坦诚地答道。

"是泰德，也就是摩根先生的事儿。他是个酒鬼。喝酒的时候，一周大部分晚上都是倒进门里的。"

她也哭了。我们去到她的小客厅，她泡了杯茶，坐下来跟我聊天。彼此刚知悉了对方的秘密，也就变得亲热起来。她说泰德什么工作都干不长，不过最近两个月状态不错，在佩卡姆拉伊[1]一家电视机商店做销售和维修。（佩卡姆拉伊，古斯绿地，达利奇，坎伯威尔绿地。[2]）

过了一会儿，摩根太太（"我叫琼，你就叫我琼好了。""那你就叫我珍妮特吧。"）带我去了小小的后花园，嘱咐我尽管在那儿晒衣服。（"我一般是不让任何人用的。"）她还向我介绍了那只灰色的公猫。我正准备上楼回屋时，她却拉着我瞅了一眼前客厅，里面有架乌黑锃亮的钢琴，这可算是特殊待遇了。"麦拉钢琴一定能弹出名堂的。我跟你说过她的文章吧？"

"是的。"

我们再没提过彼此业已泄露的秘密，而是将其封存起来，相处时多了一分拘谨。也许哪一天吧，我们又不

· · · · · · · · ·

1　伦敦的一处公园。
2　均为伦敦地名。

得不打开它们，检视其中的细节，抹几把眼泪，就像定期洗晒紧贴皮肤太久的床单。

有天夜里，已经挺晚了，听到门铃响，我便去开门，哪承想泰德·摩根一头栽了进来。琼赶过来，好像没看到我似的，扶起他搡着进了后客厅，见状后我便返回楼上。

此时我已放弃了《派雷滋叔叔》的写作，然而其主题依旧静候着，多年后我会将它捡起来。我开始动笔写在新西兰几所医院里的经历，忠实记录下所知的每件事、每个病人和每位医护人员，不过也借用了在其他病患身上看到的情形，从而塑造出一位更为可信的叙事者，即女主人公"疯子"伊丝蒂娜·马维特。我打算写得克制些，不愿弄得耸人听闻，因此隐去了很多细节，我想要的是真实可信，而不是招来怀疑者的质问。

这本书写得飞快。我严格遵守在塔卡普纳时于弗兰克·萨吉森那间小屋里养成的写作习惯。此外，还继续用以前的老办法，买来新的学生练习簿，工工整整地在封面预留的位置上写下自己的姓名，在"科目"旁写下"小说"二字，笔迹依旧扭结青涩，然后用尺子在页面上画出栏目，分别记录日期、进度，另有一栏以前标为"未写作的理由"，如今改为"浪费的日子"，因为"未写作的理由"自己心知肚明，没必要记录下来。我对此书已胸有成竹，章节题目都参照全书而定。我的工作热情非同以往，因为每周都有考利医生这位态度公允的听众，可任由我诉说、抱怨，讲述我的写作进度。此外，我从文学经纪人佩兴丝·罗斯那里获悉，美国出版家乔治·布拉齐耶新开了家小出版社，决定出版我的《猫头鹰在哀叫》，同时在英国，威·霍·艾伦阿兰对该书亦感兴趣，十有八九会令其付梓面世。由于当时我将该书大部分权益"出让给了"新西兰的佩加瑟斯出版社，现在再签合同的话，就是佩加瑟斯的事了，跟我没什么关系。

既然再次提笔创作，对干扰就变得极为敏感。每周三上午，会有个女人来摩根家打扫卫生，我虽一肚子牢骚，却也不好说什么，只得带上笔和本子，坐车或步行去达利奇图书馆写作。在一旁俯看我的，是罗伯特·布朗宁的半身像。在图书馆写一上午，意味着省下了一上午烧暖气用的煤油。煤油在这儿叫作"液体石蜡"，有粉色和蓝色两种，由两个互为竞争对手的公司销售。每隔两周，我便眼巴巴地盼着卖"粉色石蜡"的人，那股子兴奋劲儿，真像个小孩子。跟光顾绿地或佩卡姆拉伊的购物者聊起来的时候，虽听人家对"蓝色石蜡"大加赞赏，我却依然固执地忠诚于"粉色"。

《水中的面孔》完稿了。我第一个拿给考利医生看，他只说了一句："一般吧，不过还行。"见我一脸失望，便提醒道："你知道，我不大懂文学的。"

我怀疑这只是谦辞而已。

他劝我把手稿拿给佩兴丝·罗斯。罗斯很喜欢这本书。佩加瑟斯的编辑读过后开出了一份合同，再次要拿走大部分权益，见此情形，A. M. 希斯建议我不要同他们签。《猫头鹰在哀叫》的预付稿酬有七十五镑，扣除代理人 10% 的佣金后，剩余部分由我与佩加瑟斯平分。再同他们签的话，预付稿酬为一百镑，分配方式大同小异。

纽约的乔治·布拉齐耶开出了同样数目的预付款，只不过付的是美元。

《水中的面孔》完成后，我过了几周"浪费的日子"，这也情有可原。然后我再次提笔，创作《字母表的边缘》。我的生活规律丝毫未变，定期去见考利医生，通常聊聊一周发生的事，我的写作又有何种进展。我期待着《猫头鹰在哀叫》面世，明白自己激动的心情。我在新西兰没经历过出版日，也不大了解英国人的做法，虽然自打到伦敦后，我贪婪地阅读报刊上有关戏剧首演、画廊公展前私人预览、作家或出版家派对上图书发布的消息。第二天的报纸会撰文宣称，"大获成功，无疑大获成功！"或者是恶评如潮，将最新的艺术品埋葬。音乐首演亦同样重要，来自英联邦的年轻音乐家在威格摩大厅演出后，都迫切等待公众反响。报纸的报道令人间接体会到一个令人激动的世界，在那里，作家、画家、雕塑家、剧作家受邀参加酒会、餐会，享受浪漫恋情，成为公众谈资。若他们是爵爷的儿女或天赋与其作品无关的异类，则获得的关注更甚。要是我……这样的梦想在脑中倏忽闪现，随即便断然放弃。然而我确乎想象过，图书出版那天，翻开报纸看到大标题，"新锐作家的优秀小说"，我会有怎样的心情。

可问题是，我根本不觉得《猫头鹰在哀叫》有多"优秀"！

书出版的那天，我乘公交车去了西敏寺地铁站，在站外买了几份报纸，然后跑进站内卫生间，翻开报纸寻找自认为该有的出版消息。搜寻了图书版，可一无所获。

记得在一份报纸的底部，一个要"转下页"的栏目提到了一部关于新西兰贫困生活的小说，叫作《猫头鹰在哀叫》，但不记得有任何评论。

我获得了教训，因此颇感满足，毕竟我这样的人总能看到"一石之微中暗喻着的教训"[1]。伦敦出版的书并不都能获得评论，而在新西兰，只要你是本土作家，就一定有人写你的书评。人家会赞叹道，"这是新西兰作家写的小说"，仿佛你赢得了墨尔本杯[2]，或者在如今不再发售的 Tatts[3] 中斩获头奖。

后来，《猫头鹰在哀叫》还是获得了一些好评的。

我依旧按自己的习惯写作。碰到实际问题时，考利医生会立刻伸出援手，虽然事情也很简单，譬如致电坎伯威尔图书馆，说我是该区居民，有权借唱片，或者牙痛的时候给我推荐牙医。他亦成为我写作习惯的一部分，每次打字稿完成后，总答应借给我办公室的"打孔机"，好给稿子打孔穿线。也许有人会不以为然："这位精神科医生如今已是主治医师，居然操心借办公文具给病人、帮病人搞定从图书馆借唱片这样的琐事，难道不是浪费宝贵的时间吗?"这点我不敢苟同，只要寻求帮助的人相信它重要，再小的事都是至关紧要的。我知道，像我这样三十出头的女人，大多有伴侣、丈夫或好友相助。

. . . .

1　此言出自莎士比亚《皆大欢喜》第二幕第一场，译文出自朱生豪先生手笔，引用时有所改动。

2　澳大利亚最著名的赛马大赛，创办于 1861 年，在澳大利亚被誉为"让举国屏息的赛事"。

3　Tatts 即当时流行的 Tattersall's 彩票。

我还知道，所谓"大多数女人"并不存在，不愿成为、甚至是无法成为其中一员并不意味着做人很失败；所谓失败，只是别人眼中的失败。

冬日与夏日的午后，我常去附近的影院，坐在温暖的黑暗中，一边盘算第二天的工作，一边观看一先令六便士的双场B级电影[1]，通常是ABC（英国联合影业）公司出品的黑白片，讲的净是凶杀案：房门吱吱嘎嘎地开合，镜头小心翼翼地扫过似乎空无一人的房间，停下来的那一刻，却刚好聚焦于沙发后惊人的一幕，或者"趴伏"于桌上的受害者！那时最流行的电影广告是"有斯特兰德相伴你永不会孤单"[2]，最后一幕是个穿雨衣的男子徘徊在潮湿空寂的街道上。银幕上亦会充斥着吉百利公司的彩色巧克力包装纸。到了四点半，影院里灯光亮起，我便起身离开，同时注意到，观众中很多人为的是在一个百无聊赖的下午找个暖和的地方缩起来。这是些穷困的伦敦人，譬如形单影只的中年男人，带着孩子的年轻女人。孩子常常不停哭闹，开始时其他观众还默不作声，到后来便开始轻声抱怨，弄得引座员直把手电冲肇事者照将过去。还有些男女是西印度群岛来的移民。大多数人都孤孤单单，灯光突然亮起时，就像铁道旁凌乱的小园地里隔开规定距离的一株株植物。我对电影煞是痴迷，会老远跑到所有郊区，观看所有上演的影片。每天下午，

. . . .

1　即低成本的商业影片，B-movie 一词源于 20 世纪 30 年代，用来与八大电影公司大成本的 A-movie 作区分。
2　这是 Strand 香烟的著名广告词。

我会光顾一个较为陌生的地方，譬如国王十字、霍洛威、牧者丛、图廷（经典影院）或巴勒姆，探索一番后，乘坐公交车返回格罗夫希尔路，再次面对写作。下午，我也常光顾各个美术画廊，以及国家肖像馆[1]、乐器博物馆、维多利亚和阿尔伯特博物馆[2]、自然历史博物馆[3]。身处后者中，我就像自己故事中的人物，一连数小时地坐在真猛犸象大小的复制品中间，抬头仰望着它们，想象着它们的生活，对其及其世界充满了好奇。

近期写作时，会听到吵闹的乐声骤然响起，原来是泰德·摩根在修理带回家的收音机和电视机。他发现我不怎么看电视，便不由分说放了一台到我屋里，教我如何使用，于是晚上有时我也会看看电视节目。电视机是黑白的，里面的人像总是给拉长，身上带着雪花点，皮肤变成栗色，即便如此，我还认为这很正常，电视就是这样的，直到有一天，图像变得黑暗难辨。

"你的电视（telly）还行吗？"泰德有天问我。

"我的电视（television）？"听到"telly"这个耳熟能详的词，我却有些羞怯，似乎它是个刚刚遇到的人。

"是啊。还能看吗？"

"画面暗得不得了。"

"是二极管出了毛病。"泰德说。

. . . .

1　即英国国家肖像馆，坐落在伦敦特拉法尔加广场旁边，英国国家美术馆的北侧。

2　位于英国伦敦的工艺美术、装置及应用艺术博物馆，成立于1852年。

3　位于英国伦敦市南肯辛顿博览会路的一家大型博物馆，与科学博物馆、维多利亚和阿尔伯特博物馆比邻。

他当晚就替我换了二极管，调试好之后，他突然死死抓住我亲我的嘴。

"就意思一下，"他嚷道。"就意思一下。"

那之前他又开始酗酒了。第二天他没上班，从早到晚鼓捣那堆搜集来的电视机。那周晚些时候，琼·摩根对我说他丢了工作，不过正申请到大陆交易所做电话员。她说那就意味着上晚班，白天要睡觉。

"如果叫你白天别打字，我想你不会不高兴吧。"琼说。

我能怎么办？只好说没关系，毕竟家是他们的。

那阵子，哈罗德·麦克米兰正喊着竞选口号，"如此美好生活何曾有过！"也许是巧合吧，格罗夫希尔路的居民一个接一个腰包鼓胀，买得起电视机和留声机了，整条街变得嘈杂喧闹。如今，白天里，收音机发出的人声与音乐给调到最响，强行钻进我的房间，到了夜里，战争片、西部片的枪声不绝于耳。早上，从那头的盲人旅社到这头的街角酒馆，整条街响着留声机的乐声。

我慌了神儿，这可怎么办？能去哪儿呢？在房间正中，我试着自建一间貌似电话亭的隔音室，幔帐上再搭上毯子，并将衣柜移到打字机和摩根夫妇卧房的中间，因为泰德白天要睡觉，可这一切均收效甚微。街头及周围房间变得愈发喧闹，尽管小心翼翼，打字声还是会吵醒泰德。

于是我豁出去了，买了架留声机，以及贝多芬《第九交响乐》与舒伯特歌曲的唱片，包括《致音乐》和《石上的牧羊人》。等泰德睡醒，将电视机、收音机和留声机音量调到最大时，我便播放自选的音乐，让喧嚣变得更强烈，借此继续打字写作。为了丰富音乐，我从坎伯威尔图书馆借来各种唱片。为了写出东西我拼命努力，这期间也清楚地意识到，若想写作并成为作家，唯一可靠的就是行动，幻想、谈论、计划却不动笔等于白搭，要做的很简单，那就是去写。这糟心的事实令人沮丧，因为写作仿佛跟其他任何工作毫无区别，不过写作与众不同，它的奇妙之处在于存在镜之城，在于自我或镜之城的信使不断踏上的旅程。

这期间，《水中的面孔》出版了，我也完成了《字母表的边缘》。我同样买了数份报纸，期待发现"他们"对《水中的面孔》的评说。我着实吃了一惊，周日报纸的图书版居然登载了我的照片，幸好由于想在格罗夫希尔路隐姓埋名，我已经改了自己的姓氏。我觉得《曼彻斯特卫报》的评论挺有趣："选择第一人称叙述显然是个错误。有此经历的女人绝不可能以此方式记住并书写这样的经历。"评论者认为，伊丝蒂娜·马维特就是我的自画像。

《水中的面孔》获得了书评者的高度赞誉，销售量超过了《猫头鹰在哀叫》。外文版的预付稿酬减去佣金后，同样由我与新西兰佩加瑟斯出版社平分。但到了《字母表的边缘》时，经纪人都劝我与各个出版商分别签合同。该书出版前便已列入"月度好书"候选名单，因此出版时颇受礼遇，系有华丽的黄色丝带。作品一夜间备受瞩目，也让我懂得了新的道理。（我个人并未受到关注，因为经纪人误以为我便是《水中的面孔》的主人公，所以对我的身份秘而不宣。）经纪人和出版商收到《字母表的边缘》打字稿后，前者建议缩减某一章，后者却认为最好扩写；此外各方还提出一些相左的意见，有些似乎颇有见地，我只好试着采纳。该书面世后，有的评论认为，已经缩写的那章"应该长些"，有的对曾遭经纪人与出版商批评的章节大加赞赏，还有的对曾受好评的部分表达不满。这种混乱状态并未出我所料，也再次让我坚信绝不能忘记，作家必须坚定地站在自我与自我判断的基石上，否则便会被潮流席卷而去，或者在地震中陷落；必须有个不受干扰的地方，在那里，选择和决定即便再不完美，也都是作家自己做出的；在那里，决定如同出生或死亡，是唯一属个人的。如果无法坚持自己的判断，我这个人活下来又有何用？唯有坚持自己的判断，我才会有自信，才能如己所愿、随己所需构造小说或诗歌，无论瑕疵或精美，都带着我的印记。

另一个道理同样事关个人：读到对自己与作品的溢美之词，感到自尊在内心膨胀。儿时在学校获奖，或诗作在报上发表时，曾有过类似的感觉。当时的我走过奥马鲁的泰晤士街，觉得自己走在南太平洋新西兰岛的北奥塔戈，走在地球上，走在世界里，走在整个宇宙中，我对自己说："每个地方的每个人都知道我有多聪明！"

此时走在查令十字路上，我心想，周围的人是否知道，今天报上的照片就是我？获得赞美的就是我的作品？头条里谈到的就是我的书？我瞥了一眼街上貌似文人的过客，心里思忖道："他们要是晓得该多好！我知道，自己从不光顾高档餐厅，《晚报》和《伦敦晚旗报》

的'城事'栏也未提及我（大有前途的小说家崭露头角，等等），可我身处伦敦，我就在这儿，身份隐秘。书评里谈论我，有些甚至将我比作弗吉尼亚·伍尔夫!"

自我膨胀没持续多久，我便读到早晚会来的负面评论，很伤人，似乎"不懂"我写的东西，似乎"不公平"，有时竟把我描写成"得过疯病的女人"。我心痛欲裂，惶然自忖，我以为自己是谁，竟奢望成为作家：才华寥寥，词汇贫乏。我知道自己情感丰沛，不认识人家也能猜透其心思，可这又算得了什么本事：当初我就不该从事写作。

《猫头鹰在哀叫》《水中的面孔》及《字母表的边缘》出版后，我对截然相反的评论有了经验，面对它们，只需有意识地调整一下情绪，让自己既不相信赞美，也不在意批评，既不欣喜过望，也不悲叹哀鸣，可能的话根本不看评论，除非作者的确读了那本书，不管看懂没看懂，做出了睿智的评说，而非仅仅浏览一下简介，扫了一眼作者生平（并非由我所提供），看到作者曾患有"疯病"。

早期领会的这些道理我一直铭记在心，它们帮我化解了围绕出版的复杂情形，否则很容易纠缠其中，甚至丧失写作能力。

在伦敦冬季大雪封盖的静谧中，我写出了两部短篇小说集，《纽约客》及其他杂志从中选取了几篇，这类杂志人们称作"glossies"[1]，我也是才知道的。《纽约客》的

· · · · · · · ·

1　内有许多彩色照片的杂志。

支票寄到时，我既感惊奇又感歉疚，那故事不过是篇愉快的练笔，却获得如此丰厚的报酬。此时我账户里已有六百多镑，对靠国家补助生活的人来说，这是一个神奇的数字。很快，预付稿酬——到账，我明白自己没资格再领补助了，便打算搬去更清静的地方。

十八　伦敦的友人

一天，我接到约翰·福里斯特的来信，我们快二十年没见面了，但时不时会有通信联系。我第一次去莫兹利医院见伯杰医生，正是他给安排的。他说要路过伦敦，能否见个面。

一天下午，他来到格罗夫希尔路，送我一只墨西哥手镯做礼物。我的身体一直跟首饰交战，这只镯子套不上我粗大的手腕。手镯总是断，项链总太短，胸针总破烂，耳环不是松开就是太紧。

"不打紧，"我说，"等有时间我整一整。"

彼此间的芥蒂已消于无形。我们聊了些平常的事儿，譬如他的工作，我的工作，还互赠了各自的作品。随后，我们去南岸一家饭店用餐，举目窗外，便见到泰晤士河，倒真像冬日里坐在一座英国码头上。店内食客寥寥，泰晤士河上吹来冰冷的风，在一个强有力的物质依然是血、盐和水的世界里，店内的桌椅蒙上那层铁锈应当没用多久。第二天，约翰·福里斯特飞回美国，他心里清楚，如今我们的友谊平淡如水，不会再有改变。

我的许多事也许他仍不知晓，仍不知道二十年前他那句话对我的影响，"想到你，我便想到梵高……"

影响我生活的，还有最近结识的一位朋友，他就是那位国家补助监察员。我觉得，自己的存在就掌握在他手里。就算是写书，我都要计划好六个月完成一本，因为我的支票仅能维持六个月，然后便会收到那封可怕的开窗信封，"我部门官员将会拜访……"

我知道那天自己无法工作了，心里变得恐惧不安。能允许我延长六个月的生命吗？我已拿到书籍的预付稿酬，也收到父亲寄来的五先令一张的邮政汇单，这会儿账户里存着六百多镑呢。我一直心下惶然，人家能让我留下打字机吗？打一开始我就怕国家补助监察员会夺走它，于是常常把它和一令令打字纸藏进衣柜。

初见监察员，他那副尊容令我既惊讶又悲哀。这人瘦瘦高高，面色苍白，似有病容。身上的衣、脚上的鞋、腋下的公文包都显寒酸，他自己不会也在申请国家补助吧？我想，委员会该不是特意让他这么打扮，好让客户面对他时能从容自在？这念头只一闪便给我打消了。不过也的确，他若是一身证券经纪人的行头，或许给他"监察"的人不会热情相待。他没有架子，满嘴"抱歉""遗憾"的，做起事来颇为干练。

我端上茶和消化饼干，他婉言谢绝了，温和地笑着说："我刚在隔壁顶楼的波兰人家里喝了上午茶，接着一楼的意大利人又拿了一堆吃的招待我。我想在格罗夫希尔路，应该几乎每栋房子都有我们的客户。"

他话里透着开心和些许自豪。

查看过我的存折后，他扫了一眼屋子，目光落在电视机上，我的心一下子提到了嗓子眼，赶忙解释说："哦，我房东摩根先生以前在电视机店工作，这电视是他的。"

这位国家补助监察员笑了。

"你看《加冕街》《格林码头的狄克逊》和《十号急诊病房》[1]吗？"

"有时也看的。我喜欢剧里面那些新面孔，比如拉斯·康威[2]。"

"哦对啊，拉斯·康威。我觉得呢，我家孩子看得有点儿多。我有两个儿子，都上高中，在综合学校。"

我知道，在英国人的世界里，这句话立刻给他定了"等级"。在这里，上什么学校、操什么口音决定了人的地位。

他胡乱将文件塞进公文包，扣紧后起身走向门口。

"六个月后见。"他语气温和地说。

等他离开后，我取出打字机，放回桌上的垫子上，纸摆到旁边，一切就绪。然后我便外出散步，呼吸一下新鲜空气，想到接下来的六个月安全了，内心甚为雀跃；两三天后，等支票本寄到了，就去买只覆着椰子糖霜的小圆蛋糕，切开来涂上黄油，美美地享用一番。在下一封开窗信件——"我部门官员将会拜访……"——到来之前，我又有六个月可以写作了。

· · · · · · · · ·

1　三部当时火爆的电视连续剧。
2　出生于加拿大的著名男演员。

《水中的面孔》出版后，我送了一本给那位国家补助监察员，扉页上简单地写道："赠予国家补助监察员，谢谢！"

约翰·福里斯特、国家补助监察员……还有帕特里克·赖利。一天，我上公共汽车时偶遇他，二人都颇感惊讶。

"我还以为你在美国呢？"

"哦？"我都忘了为了摆脱他而撒的那个谎。

"我也去了趟美国呢。"

随后就跟我讲，当时他估摸着我已到了美国，那之后没几天，他便看到一则启事，是伊利诺伊州芝加哥的一家公司招聘推销员，他便去信应聘，得到了那份工作，结果整个冬天都在雪堆里跋涉，差点没给雪埋掉。后来他才弄明白，那家公司总在其他国家发布条件诱人的广告，因为美国本地的销售员不愿意大冬天在伊利诺伊州四处奔波。帕特里克说，当初觉得这工作挺刺激，薪水也挺高。他还在地图上查了伊利诺伊的位置，敢情是通往西部的大门。能赚钱、有车开、有地方住……

"是这样，"我说，"那会儿我改了主意，就没去美国。"

"你现在住哪儿啊？"

我告诉了他住址。听我说靠国家补助过日子，他狠狠皱了皱眉。

"这可不行。"

他说自己在塞尔福里奇百货公司里的文具店工作，周末会来看我。就这样，我们自然而然地恢复了从前的关系。

为了节省国家补助，每个周末我都待在家里，看着窗外。然而，接下来的那个以及其后的多个周末却不同了，看向窗外时，只见帕特里克，忠实可靠的帕特里克，依旧迈着轻快的步伐，一副我行我素的做派，从街道那头走过来，经过盲人旅社，再经过隔壁那栋意大利人和波兰人住的房子，来到摩根家的住宅。他总是提着伍尔沃思百货那种提手是两根绳的纸袋，里面鼓鼓囊囊塞满了食品。他将瓶瓶罐罐及各种纸盒摆到桌上时，我就像个过圣诞的小孩。

食物总是琳琅满目，有皮克·福林的饼干、爱尔兰火腿和黄油、霍维斯面包、听装奶油米饭或者白葡萄；食品是帕特里克与人交流的渠道。他常常带来很多，足够我一周所需。他还带来笔记本，小时候，父亲也从上班的地方带本子给我的。诡异的是，他酷似我父亲，尤其是心存不满时会噘嘴，这不免令我翻来覆去地思考自己与自己的生活。米勒医生曾经坦率地指出，我父亲为人霸道，对帕特里克·赖利，他也持类似看法。我的生活几乎被驾轻就熟的霸道行径涂抹干净，而我则扮演着受害者的角色，且一如其他反复扮演的角色，拒绝有所改变。

帕特里克既提供物品，也给予陪伴。看不出他想触碰我或亲吻我，若不小心碰到我，他会说"抱歉，对不起啊"。我对他是既依赖又反感，丝毫没有身体欲望。我最喜欢听他聊调皮小精灵和爱尔兰语，两人都热爱天气，喜欢天空、大海与绿色。就像初到伦敦时那样，我们会去罗斯金公园或克拉珀姆公地散步。如今在公地那儿，他住着套一楼的政府公租公寓。

帕特里克听我说从未看过马戏，而恰好有马戏团要到克拉珀姆公地演出，他便买了两张票。可就在演出当天的上午，他跑来跟我说，因为伦敦各郊区会遭暴风雨袭击，所以演出取消了，马戏团已动身北上。

我们走到公地上，之前这里还支着帐篷，停着篷车。地面就像冬日里南岛的牛棚，满布着泥巴和蹄印。帕特里克没说什么，倒是我习惯了自责，说或许是老天爷不愿让我看马戏吧。

住格罗夫希尔路的那段日子里，我们曾度过了一个难忘的圣灵降临节[1]。一个周六，帕特里克照例来访。他说："下周是圣灵节（Whit），你有什么打算？"听他用了"Whit"这个简称，我满心欢喜。

"没什么打算？"我说。

"过圣灵节可不能一个人待着哦！"

他说会做一只火鸡，邀我去他那儿共进圣灵节晚餐。

下一周的星期天，我来到多栋高大公寓楼中的一座。这里的老房子毁于战火，如今新楼以英伦名士命名，譬如丁尼生楼、弥尔顿楼等。帕特里克那间公寓很小，像我同妹妹们用过的那种纸箱的一角。我们曾将纸箱分隔成几部分，用来存放丘比娃娃。桌子中央雄踞着整只

. . . .

1 Whitsunday，即复活节后的第七个星期日。帕特里克用了简称"Whit"，可能令作者感到，自己是地道的伦敦人了，所以很开心。

烤火鸡，侧旁摆着一盘蜜桃罐头、一罐鲜奶油，连同一盘剥去包装纸的巧克力消化饼干，互不相挨地摆成扇形。此外，还有 ABC 面包房的烤饼，刚刚涂上爱尔兰黄油；两个搭着蜜桃一同享用的里昂水果派。

餐食就是目标，帕特里克仿佛是射手，将箭头对准了它。我也依样照做。二人先从火鸡开吃。晚餐结束时，火鸡与甜食尚余大半。我起身告辞，准备返回坎伯威尔，帕特里克送我去车站。路上他邀我去附近的教堂，进去后，我们恭顺地坐在耶稣受难十字架像前，面前摆着火鸡、蜜桃和水果派。帕特里克对自己的教会有着强烈的保护欲，这点我很欣赏。他热烈地劝我皈依天主，放弃一切恶行恶念。他说我们可以找牧师寻求指引。

"可我相信离婚的必要性。"[1] 我说。

就此我们争执了一番。我摆出的理由其实尽是老生常谈，仿佛自己还是个天真懵懂的女学生，为"自由恋爱"辩白，铁了心要跟"老一辈"的老观念对着干。在我看来，帕特里克就是老辈中人，因为他来自的文明更为古老，那儿的人很难摆脱固有观念。

随后的那个周末，拿出纸袋中的食物时，听我问圣灵节那天后来是如何过的，他脸上流露出羞惭之色。

"我把火鸡都吃了。整一只火鸡啊。一回家我就开吃，吃着吃着就吃光了。"

对自己的行为他大感惊诧，心中忐忑不安。饕餮是罪，而犯罪绝非小事。

. . . .

1　根据天主教教义，信徒不可离婚，不可堕胎。

"说实话，"他坦白道，"真的是无事可做啊。"

他说这话等于承认自己太过空虚，我听了亦感无力。想想看，啃火鸡就是为了打发时间。这凄凉的情状令我心情抑郁。我知道，帕特里克这样的人在伦敦比比皆是。我不也曾整个下午缩在影院里取暖，同时肯定也是在熬时间，给时间戴上面具，掩藏起来，因为写作令我恐惧，我需要逃避；我在白天买票入场，天黑后才离开，感觉其间的几个小时遭到劫掠，却为它们的流逝心存感激，仿佛时间与我乃是同谋。回到格罗夫希尔路后，想到失去的几个小时便感后悔，心里念叨着："真不敢相信，居然故意浪费这么多时间。"

可怜的帕特里克！吃掉几乎整只火鸡也许令他沮丧，可我呢，将他当作供养者，不断接受他的礼物，却又恼他烦他，这令我既沮丧又抱歉。他总是惦记着给我些什么，而他赠予的都是"物品"。两人走在街上时，他瞅着商店橱窗，突然就说："瞧啊，那东西你肯定想要，我可以买给你。"

有时他想到个点子，便会突然驻足，张大嘴巴："我知道能给你什么了。我知道你喜欢什么。"

书籍、自来水笔、内衣……

他送的东西我照单全收，也明确地表达了谢意，但却满怀对他与自己的憎恶，因为在交往中，我们靠的是商业社会的流行手段，这显然甚为幼稚拙劣。不过，也许这便足够了。男人女人向来利用周围的物质，去补充、提高、取代或改变内在的物质。我那往来于镜之城的艰辛旅程，也是谋求功利的明证。

帕特里克再次试图决定我该跟谁交往，这最终导致我们分道扬镳。我与北伦敦的诗人画家一直保持着联系。他们同样以令人绝望的方式消磨时间。本以前定期去医院看我，带来书籍和新观念，也带来索霍和查令十字路的消息，令我深感慰藉。如今的他信奉一种"新的"心理学理论，对我而言却是老生常谈，因为二十几年前我便认真研究过。他说，无拘无束的表达是最关键的，不过我俩都清楚，这不过是另一种逃避，不愿承担创造秩序的责任。但当我就此发出诘问时，他却煞有介事地说，混沌自然而然会产生秩序。可混沌若是持久不变，而你深陷其中，眼睁着时间流逝，那又该如何呢？

本遗憾地笑笑。"哦，时间啊，"他说，继而若有所思地补充道，"是的，是的。"仿佛大约是因为他去了苏格兰，遇到了休·麦克迪米德，而这人掌控着"时间"，也就帮他搞定了时间问题。"要紧的还是自由，想做什么就能做什么。"

我很欣赏本的坚持。坐在咖啡馆里，他会突然站起身，像风车般挥舞手臂，想到什么就喊出来，随即"喵喵"地学猫叫，或是唱一句歌词，或是双脚并拢跳来跳去，然后重新落座，说"这就是自由表达"，好似在说旁白。

一个周六的下午，帕特里克来到格罗夫希尔路，发现本在那里，我给二人做了介绍。后来帕特里克对我说："诗人和艺术家没好人。我从不跟这类人打交道。"听了这话，我自觉像只黏附在他物上的昆虫，选错了世界，选错了花园，选错了植物，将自己牢牢地粘了上去。我不该是那只昆虫，也不该选择那植物、那花园、那世界。

于是我摆脱了帕特里克。

我再次退回自己的栖所，望向外面纷繁多样的世界。我日复一日地工作，同时希望能找到清静的住处。就这样，《盲人的芬芳花园》得以完成。考利医生发展得很不错，准备调去伯明翰任职；然而我不会因此失去他，因为已经安排好了，莫兹利会给他保留职位，他会常来伦敦，届时会同我见面。

我慢慢学着适应这个变化，与此同时，看到了一则招租广告，便去信租下了萨福克郡[1]的一处村舍，因为要照料房屋和狗，所以租金打了折。我收到了两封信，一封来自我的伦敦出版商（"我的伦敦出版商耶！"），说要同我见面；另一封来自帕特里克，说伦敦太邪恶，他要回爱尔兰。我再也没有见过他。

十九　与出版商会面

房东太太听说我头一次见出版商，便跟我约了个时间，去"格林那边"她开的美发沙龙。

"以前我从未跟你提过，可你这头发确实得拾掇一下了。做做保湿，再拉拉直。"

这样的话从前没少听。我暗自笑了笑，说好吧，是

1　萨福克郡位于英格兰东部，东临北海，伊普斯威奇是第一大镇也是其郡治，这里拥有欧洲最大的港口之一。

该剪个发了，出版商问我要照片呢。

我乖顺地为见出版商做准备，甚至乘公交车去了伦敦西区，跑进玛莎百货东瞧西看，打算买条连衣裙。最终选定一条绿、白、黑三色图案相间的针织丝绸短袖裙，腰间配有束带。一回到家，我便跑到穿衣镜前自我欣赏。我的头发刚给洗过剪过、拉直抚平，就好像头顶给削掉了一片。看着镜中自己的尊容，我心下明白，自己从未穿过如此丑陋的裙子。在日光下，裙子的颜色缺乏生气，图案杂乱无章。我盯着镜中的陌生人，看到了自己多年前的模样：悲惨地陷入困境，恭顺地面对他人。所幸写书的人无须光顾"写作沙龙"，任由受过专门训练的人清洁、修剪自己的词语。我试图揉乱自己的头发，恢复从前乱蓬蓬的小卷，可却毫无效果。

我动身前往斯特兰德，威·霍·艾伦出版社就在埃塞克斯街。[1] 坐在公共汽车上我感到惬意，因为这条路线很熟：拐过弯便会经过救世军世界总部，门前竖立着戈尔–布斯[2]的雕像，对面就是丹麦山火车站。我记得重返伦敦后，十一月第一个雾霾天，那里发生了火车追尾事故。我还是头一次经历本地事件引起的轩然大波，伦敦每家报纸、广播和电视台均给予焦点关注，列出死伤者名单以及遭到波及的车站如森林山、达利奇，登载一辆辆救护车在南伦敦医院间穿梭往来的图片，将这次灾难

· · · · · · · · ·

1 斯特兰德大街是伦敦最繁华、最富足的街道之一。埃塞克斯街是与这条大街垂直的一条小街。

2 伊娃·塞琳娜·劳拉·戈尔–布斯（Eva Selina Laura Gore-Booth）是爱尔兰诗人，神学家和戏剧家，还是一位忠实的妇女参政者，社会工作者和劳工活动家。

比作二战时的伦敦轰炸。一切都发生在冬天头一场盘旋在空中的令人窒息的雾霾中。当年人所共知，这场雾标志着冬季的来临，也标志着体弱的老人和挨冻的穷人的死亡数将与日俱增。

此时公交车继续前行，经过精神病学研究所、莫兹利医院、国王学院医院，驶向"格林"，那儿的奥帝安电影院给刷成了丑陋的狗屎褐色；车子接着驶过新建的公租房、破旧的店铺、规模激增的东街市场以及凌乱的人行道，经过大象城堡、眼科医院、旧维克剧场[1]、滑铁卢车站、滑铁卢大桥，然后到达斯特兰德大街。颇具嘲讽意味的是，这趟 68 路公交车的终点依然是"乔克农场"。

我在查令十字一家照相馆拍了照片[2]。出了照相馆，掉头朝埃塞克斯街走去，因为时间尚早，便慢悠悠地逛着，欣赏着商店橱窗。然后，我从斯特兰德大街拐进了埃塞克斯街，来到威·霍·艾伦出版社门前。初到伦敦时，我常与本和劳伦斯在大罗素街[3]走来逛去，仔细观瞧位于那里的各家出版社，好奇里面正发生着什么，心想是否哪天我们会有机会。我知道，出版社并不像我曾经以为的那样，有着辉煌的宫殿，与其完整书目的影响力甚为相配。它们更像是其他的生意场所，也许更肮脏，更凌乱不堪。这一发现令我失望，但希望随即抬起头来，

- - - - - - - -

1　英国伦敦的一家可容纳 1000 名观众的非营利性剧场，位于滑铁卢车站附近。这家剧场创建于 1818 年，最初名为皇家柯堡剧场，并在 1833 年改名为皇家维多利亚剧场。剧场在 1940 年的空袭中遭到破坏，1951 年重新开业。

2　原文是 polyfoto，就是多张不同表情的照片印在同一版上。

3　大罗素街是伦敦布卢姆茨伯里的一条街道，以大英博物馆的所在地著称。

因为我知道，在这些屋宇中书比人多，它们保持着力量与影响，立在从地板直达天花板的书架上主宰一切，而一摞摞尚未审读的手稿满怀自信地排队等待着。

马克·古尔登的办公室窗户临街，墙壁上排满了书籍，倒很符合他的身份；地上铺着厚厚的地毯；马克·古尔登坐在宽大的书桌前，而我则陷进安乐椅中，心想我的英国出版商就是这位了。他瘦小结实，头发灰白，一脸"沧桑"，就像个赛马赌注经纪人，或者"赌马混饭之辈"，身兼赌徒与出版商双重身份。他嗓音浑厚，富有乐感，眼神灵动迅捷。他说我的书虽然颇获赞誉，但销量惨淡，希望我哪天能写出本"畅销书"。

接下来他开始回忆，而我则入神倾听。他提到最近那场争论，是谁"发现"了狄兰·托马斯，说伊迪丝·西特韦尔公开声明，支持马克·古尔登所谓是他"发现"狄兰·托马斯的说法。当年，在一家不起眼的诗歌杂志做编辑时，他收到了几首诗，读后很想见见作者，而作者当时恰好受邀来到伦敦。

古尔登先生朝斯特兰德大街的方向挥了挥手臂。

"我们就请他住进了斯特兰德宫酒店。"

他再次强调，是的，是他发现了狄兰·托马斯。

接着他谈到其他作家，我则听得着了迷，他太有魅力了，聊起趣闻轶事简直引人入胜。显然他天性快乐，喜欢自己也喜欢他人。

"你现在住哪儿?"他问道，随即补充说，他可不愿意自己的作家住在坎伯威尔那种破地方。

"我会搬到萨福克一栋村舍去住的。"我说。

"你也不该窝在乡下。写新书期间，我们可以在伦敦给你一套公寓。"我腼腆地不知说什么好，也意识到有的公寓我是住不起的，而他也没说要出钱。

"再看看吧。"我说。

"记得哈，哪天厌倦了乡下生活想回伦敦，我们可以给你套公寓。"

"好的。"

"给"是什么意思呢？是平时理解的那样吗？

马克·古尔登走到窗前，瞅着下面的埃塞克斯街。

"旺达·莱昂斯每次来这儿都坐劳斯莱斯。你可比她优秀，应该戴钻石穿皮草，下次来见我，希望你也能坐着劳斯莱斯。"

告辞时，他送了我两部小说。

"这些都是畅销书。"他说。

他给我设计的排场太出格，让我心生惧意。我沿着斯特兰德大街走到查令十字站，躲进女洗手间哭了一场。

后来，我把同马克·古尔登见面的事儿告诉了佩兴丝·罗斯，奇怪的是，她询问时居然带有一丝敬畏。

"你见到了马克·古尔登？"

"你可见过他？"

"哦，那可没有。经纪人一般不见出版商的。"

当时我还不懂，在英国出版商眼中，文学经纪人不是盟友而是闯入者。

"你觉得他怎么样？"佩兴丝问道。

"哦，他可太棒了，"我说，"讲起故事那叫一个精彩。"

"没错，我也听说过。"

我觉察到她话里透着嫉妒，不会是我搞错了吧？我知道临近退休的佩兴丝享有盛誉，她为人正直，判断准确，文字精湛，文学见识广博。真是很悲哀，出版商竟无同她会面的荣幸，这是伦敦"阶层"壁垒的又一例证。

回到格罗夫希尔路时我发现，琼·摩根估摸着我要走，便为我的房间找了新租客。她说无论怎样也会涨房租了。离开前我能帮他们一个忙吗？麦拉已经通过"十一岁加"的考试，正在申请入读玛丽·达彻勒文法学校，主修音乐，需要家庭成员之外的人写封推荐信。我可否慷慨相助，在一封推荐信上签上我的大名。

"当然了。"

麦拉这姑娘我是看着她长大的，也写过关于她和她家人的诗，还曾陪她去伦敦各处参加音乐竞赛，听她弹奏拿手的曲目。每次弹完后，注定会上来个神童，一个打扮成少年莫扎特的小男孩儿，得给人抱上琴凳，小手指弹奏出莫扎特的奏鸣曲……

泰德·摩根拿来一封推荐信请我签名。

我签上名，在"职业"旁的空白处写下"作家"二字。泰德又拿出张表格。

"能麻烦你再签一次吗？"他问道，"这次就写'记者'。"

我二话没说便写了"记者"。

泰德脸上笑开了花。

他说："人们都觉得作家不靠谱。可要是听说我们家曾住着位记者……"

那晚我接到电话，是萨福克那栋村舍的主人打来的，问我能否到"世界尽头"他们的住处面谈。

二十　村　舍

世界尽头？我乘公交车来到切尔西，沿国王路前行，经过煤气厂，到达村舍主人的住处。她们带我走进一楼舒适温馨的起居室，端上下午茶，然后你一言我一句地跟我讲，当初如何买下萨福克那栋村舍并加以翻修，如今又在翻修国王路这处房子。她们一位是威尔逊小姐，另一位是柯林斯小姐，在摩菲眼科医院前台工作。二人让我叫她们薇尔和蔻尔。蔻尔是英国人，四十岁上下，身材娇小，满头黑发，显然对居家的一切要求颇高，说很喜欢收集古董文玩。薇尔是澳大利亚人，多年前已入了英国籍，她性格外向，有什么都喜欢说出来。可以将她们比作两枚松果，一枚黑亮，紧闭着鳞片，另一枚动辄成熟，鳞片全部张开。她们很兴奋，因为萨福克的房子重铺了茅草，家具也换成了时新的。二人巴不得告诉我，村舍和现居的这栋房子都是从工资里攒下钱购置的，翻修是自己搞的，每个周末都干很久。问题是，村舍要等退休才会去住，此前就得找个租客，而且要一年到头能打理好房子才成。还有一条狗要遛要喂。回复广告的应租者倒不少，有位退休的上校发来电报，说"愿租村舍，周末带五条狗来"。

她们觉得租给个作家倒挺不错，甚至考虑好了我能在哪儿工作。观景窗前有架旧缝纫机可当书桌，窗外是玫瑰园、草坪和九十英尺长的丁香树篱。

"玫瑰园你可得照看好，丁香树篱也不能马虎。此外我们还想再弄个菜园。再就是那条狗了，其实是条杂交犬，名叫米妮，原来是村街那头一个老妇人养的，但她照顾不了，我们就接了手。"

就这样，我突然间被任命为那栋茅草村舍的看护人，只需交正常租金的三分之一。它位于东萨福克的布雷斯沃斯，靠近艾伊[1]。（有这么巧吗？我刚写完《盲人的芬芳花园》，这两位小姐在眼科医院工作，而这栋村舍的邮政地址靠近"艾伊"。真是令人大为困惑。）

她们指点我该如何去那村舍，兴头上念起东萨福克的地名就像在念咒。

"你要去的地方叫斯托市场。"蔻尔说。

"斯托市场？"受到感染，我也给这些地名迷住了。

"没错，斯托市场。把行李弄上火车后可千万记得，车只开到斯托市场。从那儿到村舍去，你得雇个搬运工送行李。"

"记着别跑去萨福克了。"

"别去萨福克？"

"没错，要去的是东萨福克。可不是同一个地方哦，隔着一段距离呢，东萨福克那才叫原始天然呢。"

她们赞颂着东萨福克，话语里充溢着满足感。

. . . .

1　东萨福克的一个地方，英文是"Eyc"。

她们说周末会去东萨福克收拾一下，好让我三周后顺利入住。我搬过去的那个周末，她们会候在那儿欢迎我。

"坐公交的话，记得跟司机说在布雷斯沃斯岔道下车，然后右转进橡树道……"

"右转进橡树道。"我坐公交车回坎伯威尔，一路上反复念叨这句话。童话、神话和传奇故事里，指点方向的话具有魔力，这句话似乎也是如此。

三周后，我在利物浦路车站坐上火车，前往伊普斯威奇，然后转乘开往东部诸郡的长途车，到布雷斯沃斯岔道下车，"右转进橡树道"，一路步行来到那栋村舍前。薇尔和蔻尔正等着我，随后交代了看护人应尽的职责。

她们为我准备的卧室在二楼坡屋顶下，有一个屋顶窗，黑色的房梁裸露在外，临窗可见房舍四周的田野，九十英尺长的丁香树篱刚刚吐蕾。她们俩很有心，已将底楼旧缝纫机台面清理干净，布置成适合工作的空间，说可以凝视窗外的丁香树篱，好寻找创作"灵感"。她们一直记录树篱的长度，描绘丁香花开的景象，回忆当初如何爱上这栋村舍，却直到瞧见丁香树篱，才认定这就是她们的家。二人安装了热水装置，配上了雷伯恩炉、抽水马桶和浴缸。蔻尔对玫瑰情有独钟，便负责种植玫瑰，而薇尔则清理小径，修缮前门，后来又东寻西找，最终弄到一扇沉重的橡木门，取代了原来的玻璃镶板门，因为后者上面是幅公鹿立于山侧的磨砂画，有些过于现代。东萨福克是她们一辈子最棒的发现。

带我参观花园时，她们极度兴奋地嚷道："你能相信这是真的吗？"

第二天晚些时候，薇尔与蔻尔驾车返回伦敦，留下我独自陪伴杂交犬米妮，陪伴我的打字机；乡野静寂中，我计划着写下一部书。

如今，我自觉过上了作家的生活，因为两部短篇小说集均已问世，《盲人的芬芳花园》也行将付梓。住格罗夫希尔路时我已察觉到，生活已微妙地转向了虚构世界，我将一切铺开在眼前，不仅有所见所闻，也有在公交车上、街头及火车站所遇到的人；我生活在这个世界里，从面前陈列的宝贵碎片和瞬间中选取素材，将之拼合，赋小说、诗或故事以形态。凡事皆有其用途。我已学会做镜之城的公民。之所以有资格继续写自传，仅因为我曾利用及创造出各种经历，将其混杂、重塑、改变、增减，却从未直接书写自身的生活与情感。无疑我曾将自己与其他角色交混一处，而他们也是熟知与陌生、真实与想象的产物。我确实创造过种种"自我"，但从未书写过"我"。缘何如此呢？因为，若是我经历艰险的旅程到达镜之城，在那里，所知所见所梦的一切都沐浴在另一个世界的日光下，那么返回时，镜中充塞着我的镜像，或者更确切地说，充塞着寻常日光下安享生活的人们的镜像，又有何意义呢？自我是镜之城中珍宝的容器，也可以说是信使，等到时机成熟，要将珍宝整理列表，化成文字时，自我必定是操作者，是负重者，是甄选者，是装窑者和抛光者。工作完成后，自我必须忍受虚无，也许会度个假，即便这假期用来重新制作旧容器，以待再次造访镜之城。这就是虚构写作的过程。"如实记录发生的一切"不是虚构；虚构时，自我必须独自踏上旅程，必须有不断变化的光聚焦在素材上，作者必须愿意生活在光之下，必须有那座镜像中的，由不同的法律、物质和货币主宰的城市。写作长篇不只是越过边界，去一个虚幻的国度购物。作者必须长年累月浸淫在想象力的厂房里、街道上和教堂中，了解镜之城独特的运作方式，它纷繁多样的天空与空间，它自己的行星体系，同时还要不停地考虑，在现实生活中自己也许会无家可归、身无分文，遭到信使的抛弃。

我一边沉浸在此类想法里，一边履行着世俗职责，照料艾伊附近布雷斯沃斯橡树道的这栋村舍。每天早上，第一件事不是按计划汲取薇尔与蔻尔所说的灵感，而是带米妮出去遛弯，或者忙其他杂事。比如打扫屋子，着手开辟菜园，骑上旧单车去三英里外的艾伊买菜和狗吃的肉，定期去伦敦待上一天，同考利医生见面交谈。我的时间就这样消耗掉了。闲暇时，欣赏着自己刚刚开辟并种下蔬菜的园子，同时惊恐地发现，前些日子才割倒的荨麻又蹿起来，比此前高出一倍。晚上也没什么时间，因为不熟悉煤气灯，头一次试着点亮时，一碰灯罩就倒在我手里。所以晚上只好拿根蜡烛上楼，借着烛光读读书。米妮就卧在门边的地毯上，时刻警觉，目光游移在我与门之间。她很快便黏上了我，虽然人家警告说，对陌生人她凶得很，法庭也的确下了裁定，若再次袭击人，就得将她处死。

每天照料房子已令我精疲力竭，没承想周末更辛

苦，因为薇尔同蔻尔会来小住。她们直呼这栋房子为
"村舍"，打定主意要享受它所有的美好，享受在这儿的
每一分钟。她们首次造访便令我身心俱疲，心里拉响了
警报。没错，租约里规定我要照料房子、花园和狗，但
未曾料想，周六下午二人会摆出躺椅晒太阳，同时提议
我（说命令我更准确些，毕竟二人是在军队里认识的）
爬上梯子，沿着两侧清掉九十英尺丁香树篱上所有的残
花。她们说不这样的话，丁香便开不久，要不了几周便
花事零落。宝贵的丁香花若这样废掉了，那叫她们如何
是好？我的下一项活计是修剪玫瑰，清除花园边上的杂
草（"花园里可不能长野草"）。大半个下午我气喘吁吁、
汗流浃背、满脸通红，辛苦地剪啊、拔啊、扯啊，她们
却舒服地窝在躺椅上，好似游轮上的旅客，欣赏着船员
有趣的劳作。时不时她们发出更多指令，或者指出我错
过的野草、漏掉的残花，"瞧，就在树篱那端最上头"。
有时她们闭上眼睛享受阳光，有时则翻看薇尔最爱的
《女士》杂志，了解一下新闻，浏览一下广告。

　　她们的计划层出不穷，令我叹为观止。可她们也自
问，以前哪儿有那么多时间。二人承认："村舍曾经耗去
了很多精力。"如今有人照料房子，她们甚感欣慰；到了
冬天，两人就不大会来布雷斯沃斯了。

　　在东萨福克所经历的一切，对它及其居民与乡野的
印象，都融入了我的记忆，后来回到新西兰写作《随遇
而安的人》时，才又浮现出来。前文中说过，我的生活
转向了镜之城，自己的故事眼瞅着也向镜之城逐渐退去。
因为，对于平素的阳光下与普通的日子中所谓的"真实"

体验，我的兴趣日渐阑珊，因为它们仅是那场终极盛筵遗落的碎屑。活得越像作家，我的生活在外人眼中就越显乏味，每日按部就班，可即使在靠近艾伊的布雷斯沃斯，即使写作被花园、清洁、遛狗及购物这等家务挤压了空间，镜之城依然在我心中，是我打心底渴望的居所。

去伦敦看医生那天我会早起，骑行两英里，赶到最近的梅利斯火车站，把单车托付给站长后，便搭上从诺威克到伦敦的列车；有时先乘公交到伊普斯威奇再转火车。列车驶近伦敦，心中激荡着回家的兴奋感；列车加速，乡野渐渐退去，前方涌来砖石的海洋、邋遢的城市、东伦敦肮脏的仓库和厂房，啊，这一切令人何等愉快！到达利物浦街车站，出得站来，正赶上大喇叭里播放着进行曲，鼓舞着十点钟开始忙碌的市政工人迈出轻快的步伐。

然后，我便去坎伯威尔见考利医生，他是从伯明翰过来的。我们二人似乎从遥远的国度赶来参加峰会，讨论重要的规划与未来。谈完话后，通常会有点儿时间，可以逛一逛查令十字路或斯特兰德大道，之后坐一点半的火车返回伊普斯威奇，接着转公交回到布雷斯沃斯。一回到家，米妮便会跑来迎接我。我感到疲惫，心里很纳闷，明明是城市吸引我，为何偏要生活在乡间，而本该写作的一天又到哪儿去了？想着想着，我在暮色中躺到床上，望着乡间的暗夜慢慢绽放，聆听周遭的万籁之声，盼望夜莺能一展歌喉。独自待在村舍里，我诧异地意识到心中的恐惧。这辈子头一次独自生活在一栋房子里，内心惶惧不安。我待在这间房里时，其他房里的人会是谁？我打开其他房门观瞧，里面空无人迹。我好像是在浮冰上任意漂流。有时隐约听见小鸟拍动翅羽，定是给覆盖茅草屋顶的网缠住了。这夜与儿时温德姆的夜晚何等不同；当时的夜同样黑暗，我惊恐地谛听夜的声响，心里念着：

> 听呀，听呀，狗儿在叫，
>
> 叫花子们往城里跑。
>
> 破衣烂衫背着袋，
>
> 有些穿着丝绒袍。

然而那时，我给他人的温暖包围着，知道厨房里炉火在燃烧，电灯、蜡烛或炉火照亮房间，人们笑啊唱啊，婴儿安然沉睡。

在萨福克，我总是欣喜地迎接清晨与阳光，同米妮一样急着踏上露水濡染的小巷，观察玉米田里的野兔，欣赏各色野花、报春花、樱草花、蓝铃花、黑刺李；然而我的心却在伦敦，我渴望回归，乐于在人群中享受孤寂，被无边的人群、被人类包围支撑。虽然人这个物种，也就是我们，极大地破坏或糟蹋了自然界，包括我那北半球的天空，但是它依旧能派出代表探索镜之城，虽然有些会迷失在那里一去不返，总有人能历尽艰辛挣扎回家，创作出属于他们的艺术品。

因此，当出版商来信，提到为我准备了"一套城里公寓"时，我满怀感激地接受了，条件是我要正常付房租。我知道，礼物是赠予者与接受者之间的合约，就其性质而言，没有哪件礼物是"免费"的，所以我觉得，最好不要当礼物收下，免得问题复杂化。

至于突然离去的原因，同村舍的主人我也实话实说，希望能够得到理解。她们觅得接替者前，我会再住几周。想到大雪纷飞的冬日，要独自与狗在黑暗的村舍度过，我心里越来越慌。房内到处都是烂掉的煤气灯罩，即便有薇尔和蔻尔在旁指导，我始终无法做到触碰灯罩却不伤它分毫。每次一碰，它便化为粉末落进手中，这让我想起诗歌创作，触摸诗行或者试图点燃它们时，类似的情形亦曾发生。

薇尔和蔻尔试图理解我的背叛。看得出来，我对萨福克，确切地说是东萨福克冬天的恐惧也感染了她们。二人很伤脑筋，既然无法先奉上橡树道及艾伊附近布雷斯沃斯诱人的夏季，那又该如何吸引新租客呢？她们告诫我，伦敦噪音那么大，回去可是要遭罪的，而我心里说，萨福克就没有噪音了？为了吓跑糟蹋粮食的乌鸦，农人成天放枪；拖拉机、收割机发出轰鸣；大喇叭声好似来自常年无休的游乐园，我试着寻找其位置，却一无所获。我没跟她们讲每天有多累，遛狗、种菜、除草、骑车购物，而不是如她们和我曾想象的，坐在旧缝纫机改成的书桌前，目光穿过景观窗，注视着九十英尺长的丁香树篱，那所谓灵感的源泉。

她们很失望，不过，看到丰美的菜园里各类蔬菜香草长势喜人，心情便好了许多。此外，二人还惊喜地发现，我深翻了一块面积更大的土地，以为我打算在冬季来临前多种些东西。我没有解释其中的原因；我发现，橡树道尽头那条直路古时是伊普斯威奇通往诺威克的罗马大道，翻地时我挖出了不少石头，清洗过后显示出美丽的色彩与图案，而且不用发挥想象，就能辨识出上面的图画，于是来了劲要寻古董，每日都在拓宽菜园原计划的规模。随着我挖出一块块燧石、我认为的家居神祇和盎格鲁-撒克逊珠宝，它变得更宽更长更深。

回到伦敦那天，因为尚未搬进南肯辛顿那套出版商帮我租的公寓，于是便到薇尔与蔻尔位于世界尽头的家暂住一晚，享用了她们烹制的精美晚餐，再次听她们感叹，为现居的这栋小房子以及东萨福克那栋三百多年历史的村舍，二人做了何等修缮。我再次为突然中断租约表达了歉意。

"也许你会把我们俩写进书里?"她们问道。

第二天上午，我动身去公交站搭车前往肯辛顿。蔻尔说:"我帮你提箱子吧，真够沉的，莫不是装满了石头?"

没错，的确装着英国的、罗马的、撒克逊的和丹麦的石头，是从另一个市镇带来的古物，不过只装得半满。

二十一 城里的公寓

这是一套半地下室公寓，有窗，望出去可以看到两条街，宽敞的起居室和厨房正对着熙攘的街道，大卧室外是较为安静的道路，盥洗室在门厅旁。散布着卵石的后花园里种着那种带刺的灌木，若长在海边，会遭受盐雾与海风的摧残，植株朝风暴劲吹的方向倾斜，即便长在城市里，也会摆出同样的姿势，以躲避刺激性的烟气、汹涌的声浪和难闻的气味；然而无论在哪里，它们都能活得茂盛，举着带刺的叶冠，开着或蓝或粉的花朵。卡车经过后街时，公寓会随着车轮摩擦声、车体轰隆声和刹车尖啸声而战栗；卧室外，车流声虽然安静，却总是不绝于耳。

这公寓于我而言算得上奢侈了。自来伦敦后，还是头一次拧开龙头便有热水，浴室、卫生间和厨房都归我一人用。家具也够豪华，带条纹的摄政风格沙发、座位中间呈圆形面包状的座椅，以及黑亮的抽屉柜。双人床上的被子毯子又宽又长，足以将人包裹起来，床垫像木板一样平，丝毫不会下陷，被单毛巾收纳柜里，有些毛巾上标有"浴巾"的字样。

起初我在卧室里工作，不过那里太暗，而且我觉得，在起居室能更多地看到窗外的情形，于是便搬到起居室靠内的墙边写作，但却给车流声搅乱了心神。况且精美的家具也令我感到压抑。我漫不经心地翻阅在东萨福克期间创作的诗歌和开始动笔写作的小说，但满脑子想的都是《盲人的芬芳花园》的出版，以及一篇书评中令我无法回避的句子："此书简直无法卒读。"我挣扎着维护自己那少得可怜的自信。另一本杂志中，有人评价该书"算得上是天才之作"。这两种观点针锋相对，却又互相平衡，好似交互出现的海浪，一会儿将我淹没，一会儿又将我托起，令我如湿透了的幸存者，仿佛沉浮于海中的弃货，等待迎接下一波评论。

在南肯辛顿，我更多地了解了伦敦的生活，感受到与SE5（坎伯威尔区）相比，生活在SW7[1]（南肯辛顿区）多么惬意，因为无论是在图书馆、博物馆还是商店，一旦我报出地址，便会有奇迹发生：人们会对我热情相待，会同意我赊账，会问要不要帮我叫出租。坎伯威尔看门人的狐疑与盘问在这里消失无踪。走在肯辛顿和骑士桥的街道上，与靓丽富有的路人摩肩接踵，我想起了远在新西兰佩托尼的波莉姑妈曾经的梦想，那就是"出人头地"。她常说"真想出人头地啊"，提到亲戚朋友中谁是市里的书记员，谁又当了市长，还有谁做律师和医生，说他们都是"大人物"。我在肯辛顿也是"大人物"，但这与我的行为、作品或某些出众的个人品质无关；我是"大人物"，仅因为我的地址在南肯辛顿SW7，住在一套带卫浴的豪华公寓里，门口装有白色门禁电话，室内有一台"普通"座机，大楼有供送货人出入的边门，住客进出则用正门……然而，我与南肯辛顿的住客们颇不合拍。住格罗夫希尔路时，我清晨即起开始工作，看着周围房子亮着灯，想着人们匆匆吃着早餐，内心便涌起舒适惬意的感觉。做工的人们在昏暗的晨色中步履急促地去赶公交，不久之后，孩子们三两成群地出门上学，挥舞着手中的棍子，这儿敲敲那儿打打，并不知是在预演老年生活的场景。而在肯辛顿，似乎极少有人于十点前醒来，邮差来得也挺晚。有学童的话，也是给黑色轿车默然无声地送去学校。若非知道不少作家生活在肯辛顿，或许我会感到独自困于此地。我欣慰地想到，虽不可见，

. . . .

1　SE5与SW7都是伦敦的邮编。

185

他们却在左近工作着，从未忘却或放弃镜之城。

　　入住那天，古尔登一家为表示欢迎，送来一盆花，我将它放在餐桌中央。他们还送来请柬，邀我去家里喝下午茶，见见作家艾伦·西利托[1]夫妇。到了那天，尽管大雨滂沱，我依然步行前往梅费尔区，不过选择了一条路线，确保到时不怎么会淋湿。雨丝毫没有减弱的意思，我却没能找到预先想好的那条游廊。直到鞋子里灌满了水，长筒袜、裙子下摆和开衫毛衣的后背都湿透了，才来到古尔登家公寓门前，瞅见西利托夫妇从出租车上下来，丝毫未吃寒雨的苦头。我慌得浑身燥热，脸颊绯红，憋不住想上厕所，可此次拜访才刚开头啊。我算是隐在"阴影中"，直等到西利托夫妇走进公寓楼，才乘电梯上到顶层，按响门铃，古尔登夫人迎我入门。她身材高挑、皮肤微黑、气质高贵，我觉得像极了刚看过的电影《满洲候选人》中的黑桃皇后。她身着黑色衣裙，就好像一直生活在自己的皮肤里，而那皮肤宛若一栋房子，散发着光泽，天天精心打理，她就是掌控一切的女主人。她不是那种分外热情的人。公寓有门厅，访客要在那儿等主人接待。她将我介绍给了艾伦·西利托和露丝·西利托（"我读过你的书……"）。

　　介绍完毕，见我的衣服鞋子都湿透了，大家很是担心。古尔登太太带我进了卧室，找了衣服和鞋让我换上，

. . . .

1　艾伦·西利托（Alan Sillitoe, 1928—2010）：英国著名工人作家，20 世纪 50 年代文学界"愤怒的青年"代表人物，代表作为《周六晚上和周日早上》以及短篇小说《孤独的长跑者》。

我自己的则放在那儿晾干。于是，这次拜访一开始，我便穿着紧绷绷的黑色连衣裙，脚蹬镶金边、露脚趾的两寸跟黑色晚礼服鞋。

古尔登夫人摇了摇银色铃铛，一个女佣便端上下午茶；她叫科伦巴，是个身材丰满的黑发女人。等她退出后，古尔登夫人对我们讲，科伦巴是从葡萄牙带回来的，不大会说英语。这倒引起了西利托夫妇的兴趣，他们在摩洛哥生活过一段时间，归国时也带回个女佣，可到了英格兰才发现，他们掏的钱居然是她的身价，就像是买了个奴隶。（艾伦是近些年北部作家圈里炙手可热的明星，其笔下的北部贫民区穷困贫乏，人们为糊口而挣扎着、劳作着，亦有男女间的情爱纠葛，具有深刻的现实性。）

哦，佣人还真是个问题！

我在旁颇为诧异地倾听着。古尔登夫人同西利托夫妇从佣人谈到了互惠工人 [1]，接着又回到佣人问题上。我们坐在梅费尔区这套公寓里，地上铺着波斯地毯，几只土耳其猫徜徉其间，墙上挂着精美的油画，房内摆着现出节疤的暗色实木家具。

我插不上什么话，大部分时间面带微笑附和着，"是的，是的"。晚礼服鞋很挤脚。告辞时，我换上已经干透的衣服鞋子，古尔登夫人却将黑色连衣裙和晚礼服鞋包了起来。

"这些你就留着穿吧。"她说。

· · · · · · · ·

1　指国外来的以授课等换取膳宿的人。

雨已经停了。我说不，不打车了，还是走回去吧。带着裙子与鞋子离开时，我既兴奋又满足地想，居然见到了艾伦·西利托和露丝·西利托！他是我遇到的第二位真正的作家。（第一位是约翰·西尔金，他送了我一首诗，而且是题献给我的，不过在这儿就不赘述了。）

生活在南肯辛顿，过家家的感觉挥之不去。我扮演的人住在公寓里，配有白色门禁电话，卧室床头柜上有部白色座机，为我传达午夜打来的问候，"哦，是你吗亲爱的？这会儿别烦我"。在这过家家的游戏里，有真正的浴室跟卫生间，有即开即来的热水，柜子里放满了被单和标有"浴巾"字样的大毛巾，足以裹住我的身体。听见尼格尔和杰拉德进门（他们有私人钥匙），我高声叫道："稍等一下，亲爱的，我在浴室呢。"想象中的交谈与当年同妹妹们用丘比娃娃玩好莱坞游戏时的如出一辙。这公寓就是场游戏，我以租客的角色加入其中，离谱的租金如何都支付不起。

每天我坐于桌前，努力创作一部新小说，《致雕塑家的信》。休息时我会起身在屋里转转，洋洋得意地欣赏这套公寓，就像在萨福克时欣赏花园，仿佛"这一切都是自己的成果"。然后，我往往并不回到打字机前精心打造一段文字，而是试着用厨房的新炉灶做些什么，譬如照上个生日爸爸寄给我的《黛西姑姑菜谱》做一道特别的美食。他还寄了一盒新西兰黄油，我分给了别人一些，余下的放入了结霜的冰箱。

旅居新西兰三十年后，弗兰克·萨吉森的朋友葆拉·林肯回到了英格兰，在诺福克一个小村庄买下一栋村舍。有天，她来信告诉我要和妹妹瑞秋来伦敦。瑞秋是个狂热的板球迷，打算来板球总部球场看比赛。她说很高兴接受我的邀请，因为我曾说过"想住多久都行"。

我在利物浦街车站接到二人。她们睡卧室，我拉开一张折叠床，半塞进门厅橱柜里，好留出进出厨房的通道。这姐妹俩太有活力了，简直是激情四溢，在房里左冲右突的，仿佛在对周围的空间发起攻击。虽是姊妹，她们却不常聚首，因此聊起天来声音高亢，难掩激动，牛津腔尖厉地划过公寓、家具、设施、空气和我的耳朵。我对板球一无所知，在总部球场观看了一场乏味的比赛。一位刚刚赶到的球迷急迫地低声问我："借问一下，谁是第一投球手？"我弱弱地重复道："第一投球手？"那女人鄙夷地瞅了我一眼。

上午刚过一半，我便离开葆拉和瑞秋回到肯辛顿，发现远在新西兰的妹妹来了封信，告诉我爸爸骑车去"北街以北"，到位于那儿的锅炉房上班，还没离开柳谷的家多远，便猝然倒下，随即给送进医院，却没能立刻诊断出病因。第二天依旧昏迷不醒，做 X 光时溘然离世。此前，他的胃溃疡一直有出血。

我心想，可怜的爸爸，他虽难相处，对孩子很凶，却深爱着我们；我一边叹气一边流泪。葆拉同瑞秋从球场回来，我告诉了她们这个消息。她们又能说什么呢？只是忆起自己的父亲，一个冷淡而矜持的男人，儿时偶尔会来儿童房看她们。她们记得他面带腼腆之色，"闪亮的眼睛透着善意"。她们叫他"父亲"。他是一间公立女校的牧师，因为是雇员，林肯家的孩子就在那里接受教育，后来又转去瑞士上学。她们称呼妈妈"母亲"。姐妹俩说父母很少来儿童房，需要指点与帮助时，她们都去找大姐。

"唉，可怜的母亲，"她们叹道，"可怜的父亲。"

二人互问道："你还记得吗？……"话里用了不少二十年代或更早的词语，我只在书中读到过。她们哭着说，学校里某些姑娘的父亲就是"下流坯"。"不是下流就是无耻。父亲人品可是一流的，没错吧？"

当晚，我躺在折叠床上，想到父亲孤身住在柳谷，忆起波莉姑妈得知我要出国时的责备："既然你还单着，就该留在家里照顾父亲。"可怜的爸爸，他那些五先令的邮政汇票，他那挂在后门内、散发腥臭味的鱼袋子，内里沾满了旧日的鱼鳞，他骑车时用的裤夹子挂在门后的钩子上，他站在惠灵顿码头挥手告别时泪流满面。

几天后，我接到奥马鲁一位律师的来函，告知哥哥与我如今成为柳谷的共同拥有者，房内一切物品归我所有。他问我能否返回新西兰，因为我是父亲资产的唯一执行者。父亲的资产！它包括柳谷的房子及房内的一切物品，一笔足以支付葬礼的费用，留给妹妹的一小笔钱，以及一本有六先令四便士的存折。办葬礼的钱和那一小笔遗产是一周前买彩票或赌马赢来的，否则他一分钱都留不下。

那会儿我依然定期去见考利医生，也就跟他咨询了一下。我该回新西兰吗？哥哥写来封信，字里行间充满了愤怒和震惊，说柳谷给封了，没人能放他进去，虽然不住那儿，想到不给进自家老屋，让他觉得很受伤。

该回去吗？或许我已打定了主意。通常的看法是，既然有过那种遭遇，住在新西兰是不明智的，那里几乎无人怀疑当初的诊断，因此回去甚至会置身危险之地。我的小说出版后，不断有人说我"情绪不稳、精神错乱"，而且往往将此与我的创作扯到一处，甚至认为这就是我的写作动因。也许我早已下定决心，因为我意识到，自己渴望回到新西兰生活工作。虽然如今我被视作"旅居海外"的作家，但当初去国的真正原因，除了"开阔视野"的强烈愿望外，与文学艺术毫不相干。然而如今回国却纯粹是为了文学事业。在想象力的版图上，欧洲所占甚巨（这版图当然是没有边界的），足以为任何寻觅居所的人提供空间，与此同时，构建此版图的，无论是久远的或近期的死者，他们层层垒叠，为新枝与花蕾提供了生长的沃土。然而，去探索一个没有层叠的版图构造者的年轻国度，尤其是你在这个国度出生，第一次看到日光、太阳与黑暗，这个念头如此诱人，难以抗拒！而且，早期居民绘制了想象力的首层，为后继者提供了通向骨头的途径。对我而言，生活在新西兰，就如生活在神话创制者的时代；所有艺术家均可纵情想象，因为有从开端处开始的可能，认识未经人塑造的地方，并为塑造它们助力，为后继者绘制版图，用这一代垒叠的死者滋养他们。我的决定深受弗兰克·萨吉森的影响，因为时不时会想起他跟我说的话："要记住，早年生活的国度才是你最为熟知的。你绝不可能饱含深情地书写另一个国家。"

　　我常常反问他："那些被迫政治流亡、绝无归乡可能的作家又该怎讲？他们在接纳国生活工作，将新的洞见带给了那里的语言。还有些作家不得不转而使用另一种语言，以便更加深入地探索未知，这又该怎么说？譬如康拉德、纳博科夫，再比如乔伊斯和贝克特，该如何解释他们呢？所有作家，甚至是所有存在之物，实际上都是流亡者。关于生活，可以确定的是，它是一个连续不断将任何充满生命力量之物放逐的过程。……无论生活在何处，作家都是流亡者，其作品都是通向失落之地的终生旅程。"

事实上，做出返回新西兰的决定，我无须任何理由；不过别人想知道原因，想得到解释。我可以说，坐在那架旧缝纫机前，眺望东萨福克的田野时，心中曾涌起强烈的错谬感，似乎自己只浮在表面……也许这就像那种感觉：写好信，封好口，在信封上写好地址，却发现邮票没背胶，也没胶水可用，再怎么试，邮票都贴不上去；那么，除了是种自我确证的练习外，一封信留在写信者手中，又有何用途？

无论缘何归国，我都会尽量将其说得高尚些。不过，在萨福克时，我的确感到过不安，因为心里清楚，远在数千英里之外的那一棵巨朱蕉、一丛雪草、一抹天空，我虽也曾凝视过，但绝不如像观察九十英尺长的丁香树篱这般细致用心；对短暂旅居之地如萨福克、伊维萨和安道尔，我感觉自己了解其居民、地景与历史，也开始熟悉其语言，而对故国人民的认识却远不及此。

既然写作是我唯一的职业，不管人家如何评论，也不管经济收益如何，我觉得已在更深的层面上发现了自己的"位置"，这是任何国度的任何地景都无法给予的。在新西兰时，弗兰克·萨吉森坚持要我同他一起写作，从而拯救了我，不过我觉得，在他眼里，我从来都是一个"半疯半醒"的人。在伦敦我确切地认识到，写作是一种生活方式，写作者无须具有精神疾患。如今生活在自己的"位置"，我感觉天天都能造访镜之城，沉思只有从事某种艺术创作的人，比如艺术家、僧侣、闲散之人或任何驻足凝望之人，才有时间思考的问题。我能够像常年奔波的旅人，长途跋涉前往镜之城，观察（有时出于无意识）、倾听、回忆、忘却。镜之城唯一的墓园是记忆的墓园。在那里，记忆被重新唤醒，换上映像与变化的外衣，其实质却丝毫未变。（真实的自传会试图记录实质。更新与变化才是虚构的素材。）

考利医生是反对我回新西兰的，但看我坚持，也就作罢，转而提醒我，切记按自己的而非他人的意愿生活，我没有"融入"的义务。他赞成我的想法，如果让我选择的话，独自生活是最理想的生活方式。当然还有写作。

即便如此，他依旧坚持要我买往返票。

我终于明白，离开祖国是利是弊，抑或利弊兼有，取决于艺术家本人。利与弊皆可用以丰富在镜之城中加工处理的素材。同时我也认识到，对虚构作品之作者而言，背井离乡或成阻碍，尤其当其祖国的文学处于发轫期。若真有"写作者"这种人的话，她大约会发现，终其一生，自己都隔着重重迷雾眺望遥远的童年，或是成为旅行写作者，描写罢一个场景便随即离开，将拔起的植物放进口袋，涂抹掉那里的天空与大海，听不到世界被扯离自身、扯进虚构时发出的呼叫，也听不到世界从人的身体里扯去时发出的呼喊，仅余人的皮肤悬挂在年逾数百岁的大树上。这是故土得到真实描述并彻底变化时发出的呼号。

我知道，除非作家全身心投入新的国度的语言，否则将不停地为语言所背叛。（语言可以背叛作家，但作家绝不能是那个背叛者。）回到新西兰后，我写出了以萨福克为背景的《随遇而安的人》。一位眼尖的评论者指出，"奥威尔河"（the Orwell River）的说法不准确，应该是River Orwell；我的是新西兰写法，譬如拉凯阿河（the Rakaia River）、怀塔基河（the Waitaki River）、克卢萨河（the Clutha River），英国写法不是这样的，譬如泰晤士河（River Thames）、亨伯河（River Humber）、奥威尔河（River Orwell）。

渐渐地，作家必须形成"世界眼光"，无论生活在哪里，是祖国还是他乡，都能拥有同等的优势和洞见。无论真实得自哪个国度，其提炼与表达总是充满痛苦，无论它是确切的真实，还是虚构的真实。

《致雕塑家的信》我已写出几章。虽然返程旅费早已有"匿名捐助人"负责支付，我也大约猜得出他就是诗人查尔斯·布拉什，但我更愿意机构而非个人出这笔费用。返程的旅费我自己掏得起，肯辛顿那套公寓该出的部分租金也没问题，可回新西兰后再拿资助就不大现实了。因此，1964年度的文学基金资助款和文学奖学金我都提出了申请。

我预订了船票，是科林西克号上的单间，这艘客轮舱房不分等级。她从伦敦启航，经巴拿马运河抵达奥克兰。即便记得人家劝我再别坐海轮，我还是一直想成为优秀的水手。

我的伦敦岁月都去了哪里？为何从未造访埃文河畔的斯特拉特福？从未去过勃朗特姐妹生活过的地方？从未到过哈代的故乡？还有巨石阵、廷塔格尔城堡[1]和丁登修道院[2]？我曾到湖区盘桓一周，某夜露营在酸奶谷[3]旁，就在通往巴特米尔湖的道路边。我在高地上整日漫游，寻访华兹华斯、柯尔律治、雪莱曾经流连的地方。

生活在伦敦令我大开眼界。我见证了核裁军运动的兴起与强盛，见证了复活节向奥尔德马斯顿[4]进军的游行；经历了苏伊士运河危机、匈牙利事件及一系列议会丑闻。我也目睹了"厨房水槽"[5]剧作家与画家的诞生，目睹了西印度群岛及英国北部小说家登上文坛。我发现自己心爱的作家居然能与经典作家平起平坐：我阅读城市之光出版社出版的垮掉一代诗人的诗集；阅读特德·休斯和西尔维娅·普拉斯（她刚刚离世）；阅读威廉·戈尔丁；阅读塞缪尔·塞尔文[6]；还读爱丽丝·默多

. . . .

1　据说是亚瑟王和圆桌骑士的城堡。
2　湖畔诗人华兹华斯吟咏过的地方。
3　弗雷姆写作"Sour Milk Force"，但英国人称之为"Sour Milk Gill"。
4　英国一村庄，为研究核武器机构所在地。
5　特指兴起于英国的关注普通家庭生活的绘画和戏剧（包括电视剧）作品。
6　移民英国的加勒比作家，代表作为《孤独的伦敦人》。

克、阿尔贝·加缪、萨特、杜拉斯、娜塔丽·萨洛特[1]、罗伯-格里耶……我观看了《去年在马里昂巴德》以及印度的新派电影。我去看了俄语版的《三姐妹》。我到圣潘克拉斯大厅欣赏了伦敦莫扎特演奏家乐团、巴赫演奏家乐团等的演出，也聆听了凯瑟琳·费里尔的美妙歌喉（此时她已过世）。我与罗素的初恋情人有过趣味盎然的通信。肯特镇公寓的那位图书馆员出面作保，为我弄到了大英博物馆阅览室的出入证。是啊，我的伦敦岁月充满了各种经历：参观博物馆，逛画廊，泡图书馆，与人交往。这一切的基础，是站在自己位置上变得日益强大的我，没有与考利医生的交谈，我是做不到的；他仿佛是位定制裁缝，助我加固生活的接缝，如今，我正穿上自己的服装，看看裁剪是否合体。织进这件衣服的，是我在伊维萨和安道尔的经历。（埃尔维奇·马里奥从法国南部一家皮毛店寄来过一张柔情蜜意的明信片，不过地址模糊难辨，于是我便有了借口不作答复。）

很多相识的人就不在这儿写了；他们还健在，我也努力控制自己，只写自己的事儿，而非擅自讲述他们的故事。描写故去的人则另当别论，毕竟他们已经交出了自己的故事。然而，与自己所虚构之事的原型保持距离存在着危险，因为很容易将距离等同于死亡，从而在雀跃于故事赋予的自由时，会突然面对事实的钳制，盖因这些事实从未在镜之城经历必要的转化。作家以为，安

. . . .

1　娜塔丽·萨洛特（Nathalie Sarraute, 1900—1999）：法国当代著名的新小说派作家及理论家。

全地身处此世，将遥远的死亡轻撒在虚构的某个成分上，其所造就的转化，正如同在镜之城某些粗粝孤寂之处发生的一样。现时的虚构与现时的未来同样自相矛盾。

我作别伦敦。对我而言，生活在这里，就像生活在一个大家庭，而伦敦就是我们的居所。我向往寒冰冷霜、会生冻疮的严酷冬季。我瞅着树叶翻转掉落，给风一吹，飘拂在公园的黑色铁栏杆上。我看见太阳变得血红，挂在公地为严冬所凋敝的草地尽头。我目不转睛地盯着行色匆匆、赶着回家的路人，其步态中透着前所未有的急迫；若有家，便有了躲避黑暗与寒冷的港湾。无家可归的人只得寻找御寒的庇护所，譬如下班后的银行、保险公司的门廊，譬如火车站、汽车总站的座椅（那是以前，后来规模较大的火车站要么拆除，要么改造，重建后没有设置座位），譬如斯特兰德大街尽头靠近河边的拱廊。入夜后，伦敦生活展现出新的面貌，流光溢彩，人们乘坐的士和黑亮的私家车……与社会格格不入之辈朝夜空发出呼号……一月份阴沉的白日……悄然显露的春色……六月，尘土飞扬的七月，八月，继而是又一轮四季流转。在这座人口数百万的都市中，如同在新西兰的乡间时，四季成了我的亲人。这里活跃着各种生命，它们拥有与人类同样的破坏力与创造力；无论怎样精心规划，这儿都留有建造城市时难免犯下的、无可纠正的错误，某些甚至是灾难性的，它们将光投向人类的行为方式，而这光束并非发自太阳。与此同时，四季即便已不似从前，即便已遭到损毁，却依旧循环往复，继续观照这个城市；在某种意义上，它们同样安然自在，怡然自得。伦敦这座城的宏大仅仅暗示着镜之城的错综复杂，然而，它却用想法和意象填满了我的生活；它们一直伴随着我，也将继续伴随下去，直到我像季节那样接受了无可避免的改变，直到我记忆的树叶飘零，化入镜之城那肥沃的泥土。

挥别伦敦，我既感悲伤又感古怪。回想当年离开新西兰时的情境，记得父亲、威尔姑父与波莉姑妈在惠灵顿码头棚屋下向我挥手告别；彩带，《现在是时候了》的应景乐声，目睹山丘后退时内心涌起的恐惧，意识到无法回头时心中升起的踏上冒险征途的感觉。我试图想象，如今离开伦敦，会是怎样的情形。到达码头，登上轮船，沿泰晤士河驶向大海，可是，在这个城市里，城市本身是我唯一的家人，又哪里会有送行者呢？

离开新西兰已经七年了，最近几年我一心扑在写作上，除了写作，便是独自散步，在影院里做梦。我没有贴心的朋友，没人会愿意站在伦敦码头上同我洒泪而别。我不能接受独自离去，于是问那位帮我弄到大英博物馆图书馆阅览证的图书馆员，能否到码头"送我"。她欣然同意了。文学经纪人佩兴丝·罗斯在维多利亚火车站同我告别；火车抵达东伦敦码头时，图书馆员米莉森特已经到了，她延长了午饭时间特地来送我。我们在船上用了下午茶。对她前来送行我表示感谢，然后她便赶回去上班。轮船发动了引擎，人们最后一次道别，船沿泰晤士河顺流而下，我四下环顾，均是冷静克制的旅人。此前没有乐队演奏，也没有彩带飞舞。看有些旅客的神情，似乎即将驶向毁灭；很多人无疑准备移居国外，最后一次道别后，就再不回来；人们的脸上没有期待，而是写满焦虑，可以确定的是，这是离开之旅，而非前往之旅。

我陷入自怜（旅居伦敦这些年，最后居然要请人家来给我送行），不过很快便回过神来，饶有兴趣地审视码头上的建筑物，审视潮湿黯黑的坞边，想起父亲同他那些塞克斯顿·布莱克平装本，那些暗斑纸印的袖珍书，里面描写了伦敦港区的犯罪情形；想到书中布莱克的年轻助手廷克说"好的，头儿"。我想，若是爸爸听到我描述这码头，该会是多开心啊；若是我写信跟他讲，说能想象廷克与塞克斯顿·布莱克到码头见一个面目可憎的家伙，一个给他们提供"情报"的"线人"，他会何等感激，就像一个人因电话线颤动而激动不已，而实际上却无任何确切的消息传来。

轮船驶向大海的过程中，你看，我想到的不是伦敦的建筑物，不是泰特美术馆，不是新文学，也不是伦敦生活带给人的兴奋感，而是少女时期同父亲共读价格低廉、内容粗糙的侦探小说，里面尽是些低俗的脸谱化种族主义人物，譬如廷克、塞克斯顿·布莱克，以及他们口里的"头儿""主人"或"主子"，无论文学性何等匮乏，这些人依旧算得上合格的虚构人物。在伦敦向我挥手作别的，甚至不是狄更斯、兰姆或塞缪尔·佩皮斯，而是塞克斯顿·布莱克与他忠实的仆人廷克。而我呢，则最后一次挥手跟爸爸再见，他或许也藏身于小说中，蜷缩着身子，与贝克街的塞克斯顿·布莱克和廷克在码头上聚首。

二十二　回　归

　　轮船驶入大海，开始颠簸摇摆，人便有了眩晕感。不过，身处甲板舱里，清新的海风吹拂进来，或者卧在甲板上的折叠躺椅里，眩晕似乎尚能忍受。我安静地坐在躺椅上，寻思着要想个办法吃东西，可别搞得身体虚弱不堪，正此时，一个年轻男人来到甲板上。

　　"要不要来一块生日蛋糕？"他问道，"是我妈给我做的。"

　　"哦，谢谢你！"我说。离开伦敦已经两天了，除了随身带的饼干外，我一点儿东西都没吃。

　　年轻人在我旁边坐下来。他说自己叫阿尔伯特，是核物理学家，此番泛海，是去新西兰一所大学任教，希望能集中研究地球物理、火山和地震。

　　他约莫二十八九岁，面色苍白，温和腼腆。自那日起，只要我到舱房外坐在躺椅上，他早晚便会出现，坐到我边上聊天。他从餐厅拿食物给我，没过几天，便用托盘端来一小顿饭，足够让我不挨饿，省掉了去船体深处那间餐厅的艰难跋涉，那番折腾可是会让人晕得更厉害。

　　我跟他说自己是返乡作家，已经离家七个年头。他问我写了哪些书，我却没说，因为每每要张嘴时，我那几乎是骨子里的腼腆便横加阻挠。人们常言，诗人的职责就是命名，若真如此，那么我便能理解，为何待要说出书名时，我会那般缺乏自信。已命名之物积蓄着力量，我不愿因道出其名字，将这力量损减，或者用话语将其流泻。

整个航程中，阿尔伯特成为我的随从与伙伴。他谈吐风趣，对世界的本质充满好奇，而我则是热切的听者。他全身心地提出问题，并对其中一些做出解答。若在陆地上，孤身一人，疾病缠身，心中会充满悲凉，然而到了船上，感觉到的就是悲惨了，不能去餐厅享受轮船宣传册上展示的诱人美食，不能去看电影，无法参加游戏或舞会，只能窝在躺椅上，甚至无法进入诗歌或梦境。阿尔伯特消息灵通，给我讲船上的新鲜事儿，也谈论科学世界里的新闻。记得上大学时，我翻看校历，浏览上面列出的理工课程，感觉到科学带来的兴奋与神秘感，"热、光、声"，心想："毫无疑问，这个领域既属于诗人、画家与作曲家，也属于科学家，可为什么只允许某些学生选这些课呢？"我记得，受到科学神秘魔力的诱惑，我借来物理书，翻开来，映入眼帘的是一大片数字和符号，远超中学数学和化学的难度。书中的句子我根本不懂，心中甚感沮丧，就好似当初翻看爸爸的风笛乐谱，虽然那也是书，却根本属于另一个层次。怎么会这样？"热、光、声"明明属于每个人，却为何与我们拉开了距离？想到自己的头脑存在局限，我便深感挫败，好奇与热忱消散了，心中唯存郁怒，无奈只能接受现实，自己并非梦想中的自己，因为虽一直与"热、光、声"相伴，却无力探究其秘密。

因此，三十一天的航程中有一位"真正的"物理学家相伴，的确是难得的好运。这个男人话不多，甚是腼腆，是公谊会成员，其叔祖是著名诗人，本人是和平主义者，呼吁核裁军，曾就职于原子能发电站，全部的生活就是研究剧烈地球运动，研究火与灰的激变，最近还发明了安全雷管。一如他研究的主题"热、光、声"，他就是一个活的矛盾体。

轮船进港停泊，船身停止摇摆的那一刻，眩晕感便随即消失。我与阿尔伯特下船登岸，饶有兴趣地听他描述地球、水和天空的形成。他提出关于"如何、什么、哪里"的问题，然后再给出回答。旅程行将结束时，我感到，无论是出于运气、巧合还是神秘的天意，正是阿尔伯特的存在，才使我熬过这漫漫旅程。

终于进入了豪拉基湾[1]，轮船缓慢前行，出人意料的是，两边陆地上的房舍五颜六色，粉的、黄的、蓝的、绿的，有的刷成彩色条纹，像一排排水果硬糖（换作十年前我会说是"棒棒糖"），镶嵌在青青草地（叶的青翠还是浓绿？）和深绿的本土灌木丛中。我已忘却了糖果色的房屋漆，忘记了蓝色天空那淹没人的深邃，这天空不在远方，就在身边，就在眼前，为我们所共享。

"奥克兰可真美啊！"耳听到有人说。

"谁说不是呢！"

又见到奥克兰的光，其实我从未忘却，它好似无山之城中闪耀的山光，不过更为轻柔，漾动着蓝色、紫色、灰色的波流；人行于其中，宛如轻盈地涉过光之河。

海关健康机构的汽艇开过来，媒体记者也登上轮船，令我吃惊的是，他们居然要求采访我。我没有意识

. . . .

1 位于奥克兰附近的海湾。

到，离开祖国的七年中，在海外及新西兰出版的几本书为我博得了所谓"海外声誉"，显然比"仅限新西兰国内"的声誉更受重视，因为生活在新西兰的优秀作家，常常被贴上"仅在新西兰有名"的标签。（喷气式客机的崛起与"国际"机场的建造，使得"海外"一词失去了光环，被"国际"一词所取代，如今都说"国际声誉"了。）而且，由于我不在国内，这份声誉便无从着落。如今我回来了，人们的看法与猜测便决堤般汹涌而至。这一切我都未曾料到。回到国内才发现，人们用不同的眼光看待我，我注定不再是去国时那个腼腆无名的女子，而是个闻名遐迩、富有资财、见过大世面的女人，心智健全也好，疯疯癫癫也罢。我难道不是在海外生活工作吗？难道我的书不是在海外备受关注吗？人们问我，怎么会想着要回新西兰？就好像我没个人原因。

也许新西兰是个懒惰的国度吧，其文学界同样慵懒，宁可要海外博得的名声，也不愿冒险对国内作家做出判断。

轮船停泊在码头。阿尔伯特在原子能电站时的老同事原本说好来接他，可最终来的却是那人的女儿。她说父亲身患癌症，已经奄奄一息。我心想原子能电站真是不安全，他同事都死了好些个了。

妹妹妹夫和孩子们赶来接我，然后驱车载我驶过新建的港口大桥（"瞧啊，那就是我们的港口大桥"），驶向诺斯克特。他们在那儿租了一辆小房车，南下奥马鲁回柳谷前，我可以暂时安身。戈登家住宅先前四下里灌木浓密，点缀着高高的贝壳杉，如今却立着一排排房屋，周围是方圆几英亩的混凝土地面，而路边曾经的潮湿林地，已见不到树木的踪影。戈登家的孩子如今都已十几岁，其中帕梅拉是初中生，他们坐在自己的位子上，看电视里播放的《庞德罗莎》[1]或《篷车西征》[2]，几个人将小小的房子塞得满满的。

随后，我便步行去埃斯蒙德路弗兰克·萨吉森的住处。我发现，除了诺斯克特靠港口边的一片外，灌木丛已尽数消失；通往塔卡普纳的乡间道路边，曾经有马、奶牛、紫水鸡注视踽踽独行的路人，如今从诺斯克特一路到塔卡普纳，两侧都是连绵的房舍。弗兰克那条街的尽头，本是一个僻静所在，沼泽里红树茂密，再过去便是大海，如今那里已被拓展，沼泽填平为土地，修建了通向港口大桥的道路。突然间，新世界扑面而来，周围人都在谈论"填沼造田""心仪物业"、地段价格，以及地段有无风景，我觉得正在目睹一种新的贪欲，凡是可触碰、可测量、可观看、可定价的事物，都逃不过无孔不入的贪婪。我身处一座崭新的城市，它向外眺望，期盼着，祈祷能看得见风景，且为此付出金钱。至于在此轰轰烈烈的填沼造田运动前，这片土地属于什么、属于谁，并无一人谈及。

・・・・・・・・

1　庞德罗莎是美国西部电视剧《博南扎》中的一个虚构的牧场，应该不是这部剧的名字。

2　是一部美国西部系列剧，讲述了从密苏里到加利福尼亚穿过美国旧西部的大型西行货车列车的虚构冒险故事。

弗兰克的小屋几乎给新建的"单元"包围了，这个地段如今寸土寸金。树篱疯长，与其甜蜜的寄生者忍冬藤纠缠一处。我拨开树篱，踏上如今铺了混凝土铺路石的小径，仿佛踩上进入另一个世界的踏脚石。我朝后门走去，门边倒扣的空罐子紧压着一张绿字条，上面潦草地写着"珍妮特，我三点半回来"，下面画个十字架，代表亲吻致意。

我推开门，感觉自己像极了远行的归人。手稿与书籍明显增多了，一个硕大的书橱摆放在墙角的床铺与餐台之间，我一眼便认出，那是他过世的姨妈的遗物。房里新添了一张宽大的木椅，看来是作躺椅用的，背后有根小木杆，用以调整椅背倾斜的程度，看来有几个挡位。写字台放在靠餐台的另一张木椅旁，上面堆放着墨水笔写就的手稿。窗台上和餐台上，依旧摆放着一排排果实、辣椒和种子。低密纤维天花板上的湿痕已扩散开，但依旧保持圆形，边缘形似扇贝。门、餐台、椅子、壁炉台、床底座、窗台、画框、摆满书籍的入墙式书桌，但凡是木质物件，都露出更多的磨损痕迹，显得更加温润，仿佛每个日子拂过金色的木质表面，都会用身子蹭它，用手指摩挲它，甚至挥拳击打它。

我听到繁茂的草木发出沙沙声，是弗兰克绕过小屋走过来。我感觉得到，七年后再度相逢，他与我同样心怀惴惴。看得出他紧张无措，可真正面对时，我们知道彼此并未改变，虽然已过七年，但依旧能辨认出对方。紧张的气氛缓解了。

弗兰克一边到餐台后泡茶，一边迫不及待地说："知道吗，我一点都不妒忌，一点儿都不。"

我有些诧异，连他也上了"海外声誉"的当，以为如今的珍妮特，不再是七年前住在小屋里的那个胆战心惊的女人。

接着他问道："你去看了吗？"

"看什么？"

"小屋啊。没办法，我让人拆了。里面老鼠成灾，房子也散了架。不想看就不看吧。我知道，看了也会添堵的。"

弗兰克始终如一的关切令我动容，对那小屋了无情感也令我羞惭。我们走进草木繁茂的花园，来到那棵盛开的高大番木瓜树旁，弗兰克悲伤地说"都没了"。记得最后一次在弗兰克的花园里看到它时，它还是棵新栽的小树苗，如今，树干上节瘤斑斑，树枝扭曲，记录着所经历的风向、时间与风雨。我们来到一堆瓦砾前，那就是我曾经居住写作的地方，如今，青草、雀稗与无人播种的甜玉米将其覆盖。我看到一圈烧黑的土，那是我烧掉除最后一稿外所有手稿的地方。虽无遗憾，却要小心照顾弗兰克的情绪，满足他对我的期待，于是便长叹一口气说："唉，想想挺伤心的。"说这话时，心中也确乎泛起感伤。但我知道，离开塔卡普纳时虽失去了小屋，那段时光却藏于记忆中，乃此生珍视的一段光阴；因此，小屋实体消失便无足轻重。

随后，弗兰克带我参观了他给哈里建的一间屋，屋门是单独开的，门前是个葡萄架，结着一串串白葡萄。

"尝尝看，"他边说边拉扯果实累累的葡萄藤，"平时会送给报童的。"

那葡萄又小又硬又涩。

之后，弗兰克动手烧饭，一边聊起熟人朋友访客的现状，也谈到不请自来的嬉皮士[1]。

"卡尔·斯特德与凯·斯特德现在怎么样？"

他说起了二人的现状。

"莫里斯和芭芭拉·达根呢？"

"杰丝与厄内斯特·惠特沃斯呢？杰克跟哈里呢？瑞斯·科尔跟克里斯汀呢？托尼·斯通斯呢？凯文·爱尔兰呢？伊安·汉密尔顿呢？维尔纳与格雷维尔呢？奥多·斯特雷韦呢？还有那个黑皮肤的小个子女人，你记得吗，她就来过一次，不过你却说，倘若你是适合结婚的那种人，一定会娶她为妻。"

"你说的是安塞尔太太吗？"

于是他就说了说她的近况。谁的情况他都了解。鲍勃·洛里、格洛弗、库尔诺、沙德博尔特、奈杰尔·库克、杰米、克莱瑞、泰德·米德尔顿、丹尼斯·麦克埃尔多尼……真是一个不落。弗兰克·海格如今怎样？……他话匣子打开便滔滔不绝。"查尔斯·布拉什呢？"

他告诉了我各种消息，有奥克兰本地的，也有外地的，外地消息有些儿水分，特别是打库克海峡[2]那边传

. . . .

1 bodgies and widgies：指 20 世纪 50 年代存在于澳大利亚和新西兰的青年亚文化，与英国的摇滚文化或美国的 Greaser 文化类似。男性被称为 Bodgies，女性被称为 Widgies。

2 库克海峡 (Cook Strait) 位于新西兰南岛和北岛之间，因英国航海家詹姆斯·库克而得名。

来的。他还聊起一大帮新晋作家。"可以说你是名扬国际了，"他说，"可你知道吗，珍妮特，你和我都已经过时了。"

我想，也许他是对的吧。

如今回想，我记得这一叠称为《归来》的纸页，其中有些字迹模糊，另一些则至为清晰。弗兰克问我打算住哪里，说埃斯蒙德路十四号一直会给我留张床。我告诉他自己申请了1964年度的文学基金。我说要回柳谷处理一下家事，然后会在奥克兰或北岸市找房子安顿下来写作。目前，我住在诺斯克特妹妹家一辆八英尺的房车里。

柳谷之行迫在眉睫。哥哥来信说，那房子已给人闯进几次，那对新的双层毛毯给偷了，其他物品也有丢失。我能感觉到提及家居之物时激起的强烈情绪。借助奇迹般的辨识力，我明白自己依然拥有进入镜之城的护照，无论我才具如何浅薄，笔下的句子如何拙劣，镜之城才是我真正的家园。每日每夜，我都触及亘古不变的人生际遇，它是虚构作品真正的基础，那些人之生死间的重大事件：归乡、失落、获得，以及如今我重访旧屋的期盼，对逝者与逝者旧物的漫长追寻及逃离。我从不知道那雪白柔软的凯厄波伊毛毯的存在，如今它却变得珍贵，它消失或被盗的消息发出呼喊，要将逝者唤回。

第二天我订了返回柳谷的夜车车票，那趟快车载着我越过坎特伯雷平原，越过盛产鲑鱼的河流，朝奥马鲁疾驰而去。

二十三　柳　谷

一到奥马鲁，我就直奔汽车营地，租下一个位置当晚落脚。然后去乳品店买些吃食，见到了店主格兰特先生，便狐疑地盯着他。父亲倒在他家店子外面后，他便被指定为病人亲属。我用探寻的目光扫视着买到的货物，仿佛它们与格兰特先生及我的父亲如今共同享有他的死亡，而我到得太迟，无法分享。

返回汽车小屋的路上，我瞥见灌木丛中藏着个年轻人，正朝我窥视。他走上前来，自我介绍说是本地报纸记者，希望有机会第一个采访我，别让省里的大报抢了先机。他也吃了"海外声誉"那一套，对我产生了虚幻的看法。报社派他前来寻找这位新西兰作家，如今的她浑身镶满"海外"的宝饰，他的任务就是凝视她，沾沾这宝饰的仙气；而我呢，则因这身人造的光彩而颇觉尴尬。尽管这位记者很快便察觉到，我并非如他所想那般内涵丰富，他依旧很开心，能以《奥马鲁作家归来》为题第一个对此做出报道。我们走进城市花园，在日本花园里我坐下，他为我拍摄了照片。这时，我脑海里浮现出儿时的情景，我们身穿波莉姑妈缝制的轻薄泡泡袖夏裙，就在同一座桥附近照相，或者说"给拍了一张照片"。

就在同一天，我去律师那儿拿了柳谷的钥匙，他问我有没有想好如何处理那栋房子。他说我哥哥就要结婚了，得有个地方住。那房子不值什么，他蛮有把握没人会买，所以说即使卖掉了，也分不到多少钱。他建议卖掉我的那一份，而不是如我提出的送给哥哥。他说父亲的意思是把房子留给我。我业已打定主意将我那份赠予哥哥，我知道他没多少钱，也知道他这辈子从未如我这般幸运。

不过首先要做的，是在柳谷春意盎然的时节回去。奥马鲁依旧是海边王国，但因人口逾万，已宣布建市，然而大海的喧嚣依然可闻，令城市如贝壳般在人们耳畔吟唱。我独自回到荒弃的柳谷，触目而来的，是繁茂青翠的枝叶，是"山下平地"原本苗条纤细、如今惊人地蔚然成林的松树，耳畔远远传来海浪拍击防波堤的轰鸣，这一切抚慰了我的孤寂。那片松林荫翳沉郁，与伊甸园街小山上的"第二座园子"一样令人生畏。柳谷的车道鸭茅丛生，散落着旧车旧炉的生锈零件，以及运货马车的残骸。从伊甸园街搬家过来时存放画儿和沉重家具的棚屋自行坍塌了，敞对着天空，有画框和桌腿斜插在废墟中。牛棚、鸡舍与旧猪圈里毒芹疯长；存放苹果的棚屋缓缓解体，板材悬挂着前后摇摆，仿佛岁月狂暴地席卷而过，将它像无用的肢体般扯裂。山楂树篱中隐伏着一只黑色野猫，大概是茜吉的后代吧，茜吉前不久过世了，终年十八岁。

我沿着小径上山，经过那棵老"鬼"树下，那是一棵巨大的松树，垂着黝黑的树枝。我走进门廊，就是那依山而建的披屋，踩在去年压扁的梨子上，抬头见繁盛的梨花中，几颗干瘪的果实依旧挂在枝头，无人再会采摘。那只旧的铁制靴楦还在，就摆在后门外；爸爸的钓鱼包我在肯辛顿时还时常想起，它散发着鱼腥气，内里有旧时留下的斑斑鱼鳞；他的长筒靴也在，过去他曾穿着在怀塔基河、拉凯阿河与朗伊塔塔河的碎石浅滩上涉水而行。推开后门走进屋，未料到眼前会是这幅景象，可又能是别番模样吗？爸爸的睡衣裤搭在椅背上，长长的乳白色莫斯吉尔衬裤摊在地板上，裆部现出淡淡的褐色污迹；最后一杯茶还在茶碟上，杯底留着残茶，将瓷杯上染了一圈陈旧的褐色。茶杯旁是当时最新的报纸，不过也是两个半月前的了，经过折叠，凸显出填字游戏部分，字填了一半，使用的颜色铅笔头放在旁边。厨房炉灶尚余灰烬，炉灰盘拉出一半，似要准备倾倒，而上方的黄铜架上放着折叠整齐的睡衣裤，看来是为就寝准备的。

那张旧沙发依然靠墙而放，面对着披屋后荫翳的山岭，高坡上长满鸭茅与长春花，矮小的阔叶植物扎根在黏土里，荫蔽在母树下。那只叫缇特阿普斯的猫曾便溺在沙发上，我们拿出圣诞节才用的康乃馨香水，试图吸附掉那股尿骚味，怀塔基女校长因伊莎贝尔溺亡来家慰问时也坐过那里。

厨房挂着新窗帘，图案鲜亮，画着茶壶、茶杯和茶碟，若换了妈妈，绝不会选这种花色。我将"爸爸专座"旁边的窗帘拉开，目光随小径延伸，触到那棵柏树，然后落在旧茅厕上，其波纹状锡帽屋顶上，玫瑰正吐出繁多的白色花蕾。

我走进居中那间卧室，打算当晚在那儿过夜。书籍与内衣裤散落各处。两间前屋也随处丢着书籍、报纸与旧衣服，只有父母以前的卧房看着整洁些。床上铺着被褥，还有那床粉色鸭绒被，是多年前从考尔德·麦凯赊购来的。废弃的壁炉前放着模样古怪的电热器，状似一根铜管。推开前门，目光沿芳草萋萋的山坡望下去，看到老果园、小溪流以及山下平地的一角，哥哥曾将一间旧屋移去那里，家人告诉我，爸爸的小弟弟查理叔叔时不时会去住。伫立在前门口，青草已漫上门阶，忆起那头母牛曾踱到门前向里面张望。旧洗衣房边，高大的果柏木上有只猫头鹰，察觉到有人出现，从睡觉时蹲踞的树枝上振翅而起，飞向远处的围场。

如我所料，此次归家悲伤而凄凉，但其对镜之城信使的重要性令我赞赏；这位信使就是观察中的自我，正等着引领我进入虚构的家园。生活中我曾多次收到并珍视虚构赠予的礼物。在镜之城如今的家，我唯一能做的，便是尝试用语言包装这些礼物，而这语言既能悦耳，又能娱心，且满足了真相提出的要求。（正是生活中不大容易被认作传奇或神话的事件，才能用来衡量终生租住在镜之城的价值；正是对新的传奇和神话的发现，才持续建造和更新着这座城市。）

在屋中四处查看时我才意识到，自己已经忘记，或者从不知道如何应对实际问题，比如开通水电，安装电话。收到开通自来水的账单时，被供电局问询支付能力时，"海外声誉"带来的光环便立刻褪去。回国时，周围的人都明显表达出善意，令我一度忘却，世界依旧是残酷的，奥马鲁亦不例外。在这里，以水为媒介的给予和索求极为丰富：水库、大海、泳池、心仪的溪水与池塘，甚至是在邮局旁的我们称之为"滚下海"的水道，每样东西都要付费，每个人都得给钱。

　　我在山下平地上点燃一堆火，焚烧从屋里收集来的破烂，譬如旧报纸与多年前的收据。每样我都先读读，然后决定是烧是留。家里的信件我都烧掉了。至于文件，凡觉得哥哥妹妹或我可能想要的，那些有纪念意义的，都留了下来，例如伊莎贝尔的体育证书和学历证书，她的葬礼费用收据。另有一些收据依旧令人想起当初收到账单时的悲痛心情，我对自己说，还记得账单寄到时，母亲哀号着说这怎么付得起，然而如今早已付清了。一沓标有"DR To（寄送给）"（我们一直认为那是 Doctor 的简写）的纸张怎会带来如此巨大的痛苦？我找了思达-宝客特建筑社的小册子，上面一条条列出了购买柳谷所贷款项的还款记录，好像再次听到爸妈焦急的声音："思达-宝客特建筑社小册子在哪儿啊？我们这月还了贷款吗？等把思达-宝客特的钱还清了……"有不少张考尔德·麦凯的收据，也都付清了。还有本地商家的收据，例如麦克迪尔米德、布利德、工艺学校、霍奇斯、克尔斯、杰弗里&史密斯、亚当斯……所有这些商家不知不觉中入住了我们的家，占据了我们的日常对话，左右着这个家庭的情绪。

　　我发现了一摞信，笔迹颇为陌生，便展开来阅读。信是爸爸的女朋友写的，她住在另一个镇子上。我最近才从妹妹口里听说她，还说他们打算结婚。新窗帘同新枕套就是她买的。她与爸爸相伴甚欢，显然常常待在柳谷，打理各种家务，有时两人会惬意地喝几杯，有那么多空酒瓶为证。她信中表现出对房子和设施的担忧。她还提到父亲送她的礼物，有些是她来信索要的。

读着读着，渐渐地，我发觉自己站在了妈妈的立场上，震惊于一向"滴酒不沾"的"卷毛头"竟留下这许多空酒瓶，为了一段"可耻"的关系，为了一个显然在找"糖爹"的女人，居然将这么多年坚定不渝的爱情抛掷一边。继而我变为义愤填膺的女儿：父亲怎敢为这个女人抛弃我们？谁给她的胆子，妄想取代我们的母亲！父亲为何从未跟我说起？！他的来信事无巨细，谈到具体的时间、日期、开销、旅行以及政府状况，可对这段关系却只字不提。陡然间我深陷孤独中，对这个家而言，我只是个外人。

最后一封这样的信燃烧起来，随即化为灰烬，那一刻，我目睹了父亲的晚景：鳏居独处，形影相吊，未曾确诊的疾病不时发作，依旧服用"巧可"缓解胃痛，每天费力骑车沿海边道路经过男子高中去长老会之家烧锅炉，下班后筋疲力尽，回到黑灯瞎火没有一丝温度的家，这栋房子白天仅有两小段时间能逃离山影的笼罩，先是在清晨，阳光的足短暂地踏上前门阶，透过窗窥视侧卧室内的情形，再就是后来，它的手抚上前窗台，随即便抽回去，消失在树林背后。终日不见阳光的地方，寒霜一如既往地严酷；即便是后门外如海浪泡沫般绚烂绽放的梨花，也无法驱散整个冬日笼盖着脆弱透风的木房内外的可怖寒气。

我收拾了一下中间卧房准备过夜，将地板上的床垫抬起来，发现上面有个大洞，里面有一窝光溜溜的粉色小老鼠，紧紧地依偎在木棉中。至于如何处理的，我也记不得了。

我洗了能用的床单，搭在从山顶延伸到山下平地苹果屋的晾衣绳上。我用曼努卡树枝做成的旧木撑将晾衣绳撑高些，同时听见熟悉的"嘎吱"声，是拉紧的绳子扯动了系绳子的树枝。那是苹果屋旁的老橡树，妈妈常在那附近歇脚，攒足了劲儿再"对付"上山回屋的小道。脑海中再次出现爸爸佝偻的身躯，背着一糖袋子铁路煤，膝盖弯曲以缓解压力，费力地爬上似乎一年比一年更为陡峭的山坡。

房子收拾干净，被单也晾干了，当晚我便睡在居中的那间房。夜里醒来，弄醒我的是林间的风声，是周围的死寂，是绕过城市花园驶向铁路道口的午夜快车那耀目的头灯。树木在渐强的风中起伏摇摆；大果柏木上，蟆口鸱与小个儿的"德国"猫头鹰鸣叫着。清晨时分，喳喳的喜鹊声叫醒了我。

我决定离开柳谷，上午便步行去城里订返回奥克兰的车票。给家人选好有我认为纪念意义的物件后，我便会离开奥马鲁。

虽然在现实同虚构里，寻访旧日足迹都是司空见惯之事，但我也未能免俗，沉迷于回忆之中。我沿切尔莫街走向城里，一边回想不甚愉快的过去，是件颇为愉快的事情。切尔莫街靠山的一侧面北，因此也始终笼罩在北面的荫翳中，唯有午后，几缕阳光会轻抚邻着"城市花园"的那侧。这条街阴面阳面泾渭分明，好似中风的病人，左侧整个瘫痪，而荫翳与寒霜便是罪魁祸首。

走到街尾，路过奥马鲁游泳场，我看见一排排暗红色的座位及座位上硌人的细长板条，旧日那种"去泳场"的兴奋感再次涌上心头，可随即便想起，默特尔溺亡后，我狠下心与那地方划清界限，将它从我的生活中抹去，每次看到它都觉得陌生，心中满是仇恨，仿佛它曾是友好的邻人，现在却变为犯下罪行未受惩戒的仇敌。如今，回想起前前后后对泳场的情感，我只感觉到那座位的暗红色透出的悲伤。那红色刷在铁皮屋顶上，刷在铁路小屋上，刷在货车与火车站上，构成了我童年彩虹的一部分，从而贯穿了我的一生。

我走过塔卡鲁公园，马戏团曾在那里搭起帐篷，寒酸的几只动物安置在另一顶帐篷中，关在一排笼子里；再就是那栋我们称为"中间学校"的老楼，里面教授的都是技术课程，白天显然空无一人。我记得从前经过那里时，瞅见褐色的大楼空空荡荡，高高的窗户边垂着窗帘拉绳，大白天的无人触碰，好奇得心中一颤，升起一种奇怪的感觉。这是一所中立学校，矗立在激烈竞争的南校、北校的中间地带，自有其公允的态度。我经过奥马鲁小溪，经过曾以为是"太平间"的那座小石屋，经过绿色的水道，它令我想到河堰，想到麦琪·塔利弗与《弗洛斯河上的磨坊》。

我站在邮局里排队，有人主动过来攀谈，对我返乡表示欢迎；有些是熟人，有些不认识，是从报上登的照片认出我的。一个女人说我在怀塔基上学那会儿她也在。我盯着她瞧，"哦，想起来了"，从前那严格的等级分类再次浮上脑海：数学成绩优异，古板乏味，体育成绩一般；家住在乡下一个名字奇特的牧羊农场；老师提到那农场时都满怀敬意，我们则转过头去看她，心中满是艳羡。

我们聊了一会儿，她讲了讲班上其他人的情况。"哦？真有意思，我一点儿都不知道。是的。哦。"

我走过邮局边的小小电报局，来到社保局门前，想起当年，每次在奥马鲁短暂逗留期间，我都会小心翼翼地溜进那里，拿出医疗证明给人家看，上面明白地写着"精神分裂症"，好领取疾病救助金，那时我是何等恐惧与羞惭啊！记得从那儿出来后，感觉一天的快乐都消失殆尽，明白自己就是个"怪人"，巴不得永远躲起来。我觉得自己肮脏污秽，浑身的衣服就像是精神病患者的，鞋子显得滑稽笨拙。

我允许自己享有这样的奢侈：一边回忆那些曾经的感觉，一边清楚地知道，借用赛马世界的魔幻语言，"这一次"一切都是不同的。无须再去社保局，看护栅后那个男人盯着我，瞧瞧我的精神分裂是否明显。

返回柳谷的路上，穿过城市花园，那里挂着"奥马鲁美化协会"的铭牌。经过蕨类屋时，瞧见蕨类植物的羽叶紧贴着乳白色玻璃，便想起孩童时常来这地方，只为感受湿意与绿意，呼吸封闭空间中扎根泥土的蕨类散发出的气息。走出花园，穿过情人巷，那条为树木浓荫所遮蔽的小街，接下来便是儿童游乐场，有各种设施，比如跷跷板、船秋千、旋转木马，旋转木马我从来就玩不了，每次坐都会恶心。那边还有戏水池，以及鸭子天鹅游弋的浑水塘，白色大天鹅长着橘色的喙，半耷拉着眼皮，目光透着股凶狠劲儿，让我忆起从前，自己常常想到变为天鹅的七兄弟，然而魔力有限，最小的弟弟仅生出一只翅膀，无法飞翔。而那之前我一直以为，魔力到底是魔力，哪里会有边啊。

那天晚些时候，我在屋里搜寻纪念物。我坐在四周散落的图书间，有家居图书，也有向来喜欢历史的哥哥购买的历史书，还有来历不明、"莫名其妙"的书，以及怀塔基中学的奖品。我挑出伊莎贝尔的学校奖品、圣诞图书、关于伦敦的书籍、在师院读书时买的《大卫·科波菲尔》以及自己在校获得的奖励，再就是伊莎贝尔收集的本土植物标本。给琼一家的，有爸爸的虫形钓钩集，钓鱼比赛赢得的锃亮的钓竿与钓竿盒（因为更愿意自己做，所以从未用过），各类书籍，盘子及桌布，玻璃表面上绘有龙的老旧厨房钟。我自己留下两床旧毛毯，鸭绒被，爸爸画的画儿（有几幅留给哥哥），波莉与伊瑟姑姑的画儿，风笛的旋律管，爸爸用新西兰各地夹克衫面料拼合缝制的床罩，这些面料是伊瑟姑姑在罗斯及格伦迪宁纺织厂时使用的。再多的话我的行李箱也装不下了，而且我尚无栖身之所。家里余下的"宝贝"，哥哥大可以派上用场。

坐着挑拣一个家庭的剩余物件令人伤感。我仍能感觉到它们的价值，感觉到自己需要它们，也感觉到别人需要它们维持记忆。每件物品都鲜活地诉说着旧日时光。我渴望拥抱它们，甚至连书也不例外。终于将所选之物打好包，遗憾地瞅着不得不留下的物件：贝壳杉木的长板凳，我们以前坐在上面吃饭，爸爸与他的兄弟姊妹也坐过，而且同我们一样，会将它翻转过来当独木舟。住在伊甸园街时，餐桌只在特殊日子里才会使用，搬到柳谷后，就只能放进小厨房，成为圣诞、新年专桌，周日读经专桌，再就是有客来访时的招待用桌。爸爸的真皮针线包从来都是自己缝制的，我们入迷地瞧着他修剪生皮，接着剪出包的形状，给皮子上色，最终缝制完成，不过缝之前，线要在一团蜂胶中过一下。我将几个三文鱼钩和铅锤放入口袋，只因为我们也见证了（亲眼所见而非听人描述）制作过程，瞅着爸爸躬身在炉灶上，铅锤放在小平底锅内，再加进可怕的"盐酸"。

最后扫视了一眼屋子后，我拉开缝纫机抽屉，子弹以前放在那里，如今还在，有两三粒，锃亮的弹身，尖尖的弹头像是镀了青铜的火箭。爸妈会说："子弹可不能碰啊。"出于好奇，我们经常抚摸它们，用它们做游戏，在清漆过的斑驳棕色缝纫机基座上，拿着它们像士兵般大踏步行军。

带着一大包柳谷的宝贝，我先乘火车，再坐轮渡，北返奥克兰。

二十四　只为讨信使欢心

宝贝，无论是梦中的，还是亲眼所见的，只要有自己的家，便与无家可归的宝贝大不相同。到达诺斯克特戈登家时，显然我带来的是一堆垃圾：一捆久经磨损的被单，一座老旧破烂的厨房钟，一只表面斑驳缺了簧片的旋律管，一本脏污的虫形钓钩集（显然它应该给爸爸紧握在手中，或者像钱包般塞进他钓鱼包的外袋），一只金色雕花玻璃盘（妈妈过去用它做圣诞与新年吃的果冻，我们会捧起它对着光观瞧，看那金晃晃的颜色），一只深蓝色陶瓷鞋（以前摆在老屋的壁炉台上，里面放着各种针、纽扣和夹子）。唯有刷着清漆的盒子里崭新的钓竿同红色风扇式取暖器还算有些价值。戈登家时髦的新房子（"请建筑师设计的"）装有"雪松木披水板"，建有"由臂梁支撑的露台"，"能瞥见朗伊托托岛"，相形之下，我带来的宝贝就显得寒酸。除了雕花玻璃盘、陶瓷鞋和取暖器（后来同夹克面料缝制的床罩一起送给了弗兰克），其他物件都塞进了这栋房子下面车库旁的储物间，我出国的那些年，一只塞满个人物品的皮箱就搁在那里。如今回来了，打开发霉的箱子，从那原本是裙装、针织衫的一团团深蓝暗绿的物什上，从"久光"面料的夏季晚礼服上（也是深蓝色，上面有爆裂的星星图案），从一页页打字机打出的、嵌在昨日的沟壑中的诗歌与故事旧作上，感觉往昔的苦痛如烟云般升腾而起。

旧床单与玻璃表面上绘有龙的厨房钟失去了家园，躺在东一件西一件的旧物中。直到有天，其中一两件在我甥女帕梅拉的游戏房里找到了位置，重获新生，在下午茶游戏和交谈中短暂地享受到家居生活的自在。我记得当时既怒且惊，我抢救回来的宝贝居然给人轻慢地对待、随意地滥用，拒不给予应有的地位。继而又笑自己，怎会这么在意，因为意识到，即便是赶赴镜之城的旅程中，我也将许多宝贝诱拐离它们的家园，置其于陌生境地，扭曲其本质，有时甚至将其摧毁，只为制作自己的宝贝，一如甥女在其游戏屋中的所为。此处，我亦陷于虚构作品的伟大主题之一：礼物，赠予者，接受者，被接受之物；这一主题如此根本，它嵌在语法句法里，像陷阱或一束光，隐伏在语言之中。

写作这部自传期间，我回顾生命中每个年头，采撷经验中的每样宝物，然后放进属于它们的家，放到属于它们自己的位置上。在这番记录中，我返回了新西兰，获得了1964年度文学基金资助，得以毫无经济困扰地通年写作；1965年，我成为奥塔戈大学彭斯研究员，并花一千二百镑购置了一栋小房子。我持续不断地写作，生活着，表达着。我尝试确保将近年的宝物带回家中属于它们的位置，在此过程中我发现，恰如帕梅拉煞有介事地在游戏屋中演绎生活，用旧时宝贝铺地毯，用离开家园、在新环境中业已改变的杯碟沏茶，我偏爱带宝物回镜之城，那是我的家，我的游戏屋。来自信使的压力要我必须如此，即便是如今，我奋笔疾书时，镜之城的信使就等在门口饥渴地注视着，看我继续搜集生活的事实。我得屈从于信使的愿望。我明白，镜之城能否存在下去，取决于运输到那里的物质多少；我知道，焦急等待的信使在询问："你愿意镜之城兴旺吗？还记得你在那儿的见闻吗？那总揽一切时间与空间的壮阔视野，那将寻常事实与观念变为闪亮的镜之宫殿的转变。当你携带着崭新的、想象出的宝物离开镜之城，它们常常在现世中失去光彩，在现世的语言媒介中不再完美，这并非你的初衷；它们失去了曾经似乎放射出的意义，而你则因发现贴切的词语或节奏以及清晰的洞见而欣喜，而心跳加速。这一切其实都不是问题。你要小心谨慎。最近数年的生活包围着你，它们尚未完成转化。不要忙着移除它们，它们也许就构成了镜之城宫殿的基础。"

我恳求道："让我继续书写接下来的旅程吧，书写一位新西兰作家的生活，书写返回达尼丁与大学的经历，书写已完成的以及计划中的书籍，书写新朋与旧交。快，就这么一次，让我望向飘过达尼丁东南山谷上空的云朵，那广阔的天空展开在山丘之上，每朵云都飘去某个方向，身后留下一道白色或黑色的烟，为风暴、清风和太阳所追逐。让我描绘如何……"

"要做的事情有很多。"信使说。我在脑海中看到达尼丁空中的云彩时，他的目光越过我的肩头。"山谷那边闪亮的是哪座城？"他问道。

我脸上露出自豪之色。

"那就是达尼丁，我的出生地。请让我书写我在那儿的生活，如何交友，如何写书，如何北上傍海而居，如何搬去其他城市，生活在不同的云朵与天空下。"

"你说那是达尼丁？不，那是镜之城。你知道，是时候将这些年的收藏装入行囊，启程向镜之城跋涉了。"

我更为细致地观瞧心中的城市。对呀，的确是镜之城，不是达尼丁、伦敦、伊维萨、奥克兰，或任何其他我熟悉的城市。眼前的就是镜之城。信使在一旁等待着。